高中数学
典型易错点导引

主　编　王中苏
参　编　孙　英　陈　莉　胡　萌
　　　　陈　丽　胡　洁　李　芳
　　　　郑　帅　王鹏飞

重庆大学出版社

内容提要

本书由"王中苏名师工作室"成员共同编写,整编了其教学20余年来高中学生的典型易错问题,并结合新教材、新高考,整理成相应的题目,综合性高,实用性强。全书分为4个主题(预备知识、函数、几何与代数、概率与统计),涵盖了高中数学的全部知识点。每个主题又细分成了多个章节,每一章节由典型易错点分析、典型易错题训练构成。例题精选,且给出了错解、错析、正解;典型易错题训练紧扣前述例题,同时进行适当补充,并附有答案解析。

本书是高中数学易错点和易错题的概括和总结,有很高的参考和学习价值,可供高中生仔细阅读、学习,也可供高中教师作为备课参考书。

图书在版编目(CIP)数据

高中数学典型易错点导引 / 王中苏主编 . - - 重庆：
重庆大学出版社, 2024. 6. - - ISBN 978-7-5689-4521-9

Ⅰ . G634.603

中国国家版本馆 CIP 数据核字第 2024WL1826 号

高中数学典型易错点导引

GAOZHONG SHUXUE DIANXING YICUODIAN DAOYIN

主 编 王中苏

责任编辑:秦旖旎　　版式设计:秦旖旎
责任校对:谢 芳　　责任印制:张 策

*

重庆大学出版社出版发行

出版人:陈晓阳

社址:重庆市沙坪坝区大学城西路 21 号

邮编:401331

电话:(023)88617190　88617185(中小学)

传真:(023)88617186　88617166

网址:http://www.cqup.com.cn

邮箱:fxk@cqup.com.cn(营销中心)

全国新华书店经销

重庆天旭印务有限责任公司印刷

*

开本:787mm×1092mm　1/16　印张:10.5　字数:168千

2024年6月第1版　2024年6月第1次印刷

ISBN 978-7-5689-4521-9　定价:45.00元

前　言

作为一线的高中数学教师，我们都会有这样的感触：学生对数学公式能了如指掌，题型能熟记于心，但考试却不一定能正确解答；对某些数学题进行了多次练习，但再次遇到仍是错误解答……仔细研究，我们发现他们不能正确解答的题目大都属于数学中的"易错题"。

我们对学生高频率出错的题目进行了收集分析，发现这些易错题的产生有一定的原因：有的是对概念理解不准确；有的是知识的迁移度不够；还有的是题目看似简单，但在知识形成的过程中有干扰因素的存在……因此，我们建议教师在教学中应高度重视"易错题"的示范作用，将"易错题"作为典例，这样既可教会学生分析解答错误的原因，又可加深学生对错题的印象，减少错误再犯的概率，进而达到触类旁通、事半功倍的效果。

为了配合同学们的自学与复习，我们编写了《高中数学典型易错点导引》。本书以高中数学核心知识板块中的典型问题为载体，在"典型易错分析"中启发、示范如何分析错因，后附"典型易错训练"加以巩固。本书整体是按照教材体系进行编排的，既重基础，也重能力，非常适合高一、高二学生作为数学工具书使用，同步积累知识和方法；也可以全面配合高三数学考点的复习安排，作为高考前复习必读教本。建议读者在阅读前对问题先有自己的思考，再对照分析，这样对易错分析的理解会更有帮助。

本书由重庆市沙坪坝区王中苏名师工作室的主持人王中苏及其成员共同编写，在本书的编写过程中，重庆市教科院数学专家张晓斌教授、沙坪坝区教研员吴家全老师给了我们很好的建议和帮助，在此一并表示感谢！

囿于时间和水平，疏漏之处在所难免，敬请读者提出宝贵的意见和建议！衷心祝愿这本书能为学生们的学习插上"隐形的翅膀"，在数学的天空自由翱翔；为老师们的教学助一臂之力，在数学课堂力争做到有的放矢。

编　者

2024年2月

目 录

主题 1

预备知识

1.1　集合与常用逻辑用语

 典型易错点分析

✐ 易错点 1　忽视集合的互异性

例 1　已知集合 $P=\{n\,|\,n=2k-1,k\in\mathbf{N}^+,k\leqslant50\}$，$Q=\{2,3,5\}$，则 $T=\{xy\,|\,x\in P,y\in Q\}$ 中元素的个数为(　　).

A.150　　　　　　B.140　　　　　　C.130　　　　　　D.120

【错解】$P=\{n\,|\,n=2k-1,k\in\mathbf{N}^+,k\leqslant50\}=\{1,3,5,7,\cdots,99\}$，共有 50 个元素，$50\times3=150$，选 A.

【错析】忽视集合中元素的互异性而导致解题错误.

【正解】$P=\{n\,|\,n=2k-1,k\in\mathbf{N}^+,k\leqslant50\}=\{1,3,5,7,\cdots,99\}$，共有 50 个元素，$50\times3=150$，减去相同元素 15,45,75,105,135,165,195,225,255,285 共 10 个，选 B.

✐ 易错点2　忽略空集致误

例2　已知集合 $A=\{y\,|-2\leqslant y\leqslant 5\}$，$B=\{x\,|\,m+1\leqslant x\leqslant 2m-1\}$，且 $(\complement_R A)\cap B=\varnothing$，求实数 m 的取值范围．

【错解】因为 $(\complement_R A)\cap B=\varnothing$，所以 $B\subseteq A$．

所以 $\begin{cases} m+1\geqslant -2, \\ 2m-1\leqslant 5, \end{cases}$ 解得 $-3\leqslant m\leqslant 3$．

【错析】忽视对 $B=\varnothing$ 的讨论．

【正解】当 $B=\varnothing$ 时，$m+1>2m-1$，所以 $m<2$．

当 $B\neq\varnothing$ 时，$\begin{cases} m+1\leqslant 2m-1 \\ m+1\geqslant -2 \\ 2m-1\leqslant 5 \end{cases}$，解得 $2\leqslant m\leqslant 3$．

综上所述，实数 m 的取值范围是 $m\leqslant 3$．

✐ 易错点3　集合化简不等价

例3　设全集 $U=\{(x,y)\,|\,x,y\in\mathbf{R}\}$，集合 $M=\left\{(x,y)\,\Big|\,\dfrac{y+2}{x-2}=1\right\}$，$N=\{(x,y)$ $|\,y\neq x-4\}$，那么 $(\complement_U M)\cap(\complement_U N)$ 等于＿＿＿＿＿＿．

【错解】$M=\left\{(x,y)\,\Big|\,\dfrac{y+2}{x-2}=1\right\}=\{(x,y)\,|\,y=x-4\}$，

$(\complement_U M)\cap(\complement_U N)=\{(x,y)\,|\,y\neq x-4\}\cap\{(x,y)\,|\,y=x-4\}=\varnothing$．

【错析】集合 M 化简不等价，忽略了分母为零的情况．

【正解】$M=\left\{(x,y)\,\Big|\,\dfrac{y+2}{x-2}=1\right\}=\{(x,y)\,|\,y=x-4,x\neq 2\}$，

$(\complement_U M)\cap(\complement_U N)=\left\{(x,y)\,\Big|\,y\neq x-4\text{ 或 }\begin{cases} x=2 \\ y=-2 \end{cases}\right\}\cap\{(x,y)\,|\,y=x-4\}=\{(2,-2)\}$．

✎ **易错点 4　充分必要条件的推出关系弄反**

例 4　命题"$\forall x \in [1,3]$, $x^2 - a \le 0$"为真命题的一个充分不必要条件是（　　）.

A.$a \ge 9$　　　　　　　　B.$a \ge 8$　　　　　　　　C.$a \ge 10$　　　　　　　　D.$a \le 10$

【错解】$\forall x \in [1,3]$, $x^2 - a \le 0 \Leftrightarrow a \ge 9$, $a \ge 9 \Rightarrow a \ge 8$, 选 B.

【错析】"P 的一个充分不必要条件是 Q"的含义是"Q 是 P 的充分不必要条件".

【正解】$\forall x \in [1,3]$, $x^2 - a \le 0 \Leftrightarrow a \ge 9$, $a \ge 10 \Rightarrow a \ge 9$, 选 C.

✎ **易错点 5　全称命题或特称命题的否定改写错误**

例 5　命题"$\forall x > 0, \dfrac{x}{x-1} > 0$"的否定是（　　）.

A.$\exists x_0 < 0, \dfrac{x_0}{x_0 - 1} \le 0$　　　　　　　　　　　B.$\exists x_0 > 0, 0 \le x_0 \le 1$

C.$\forall x > 0, \dfrac{x}{x-1} \le 0$　　　　　　　　　　　D.$\exists x > 0, \dfrac{x}{x-1} \le 0$

【错解】选 D.

【错析】结论改写错误.

【正解】因为 $\dfrac{x}{x-1} > 0$, 所以 $x < 0$ 或 $x > 1$, 所以 $\dfrac{x}{x-1} > 0$ 的否定是 $0 \le x \le 1$, 所以原命题的否定是 $\exists x_0 > 0, 0 \le x_0 \le 1$. 选 B.

✎ **易错点 6　对"任意""存在"含义理解不到位**

例 6　已知函数 $f(x) = \dfrac{2}{x}$, 函数 $g(x) = kx - 2k + 2$ $(k > 0)$, 若 $\forall x_1 \in \left[\dfrac{1}{2}, 1\right]$, $\exists x_2 \in [1, 3]$, 使得 $f(x_1) \le g(x_2)$, 则实数 k 的取值范围是＿＿＿＿＿＿.

【错解】依题意知$f(x)_{\max}\leqslant g(x)_{\min}$，$4\leqslant-k+2$，所以$k\leqslant-2$.

【错析】对"任意""存在"含义混淆.

【正解】依题意知$f(x)_{\max}\leqslant g(x)_{\max}$，$4\leqslant k+2$，所以$k\geqslant2$.

易错点7　集合的包含关系弄反

例7　已知函数$f(x)=3x^2+2x-a^2-2a$，$g(x)=\dfrac{19}{6}x-\dfrac{1}{3}$，若对任意$x_1\in[-1,1]$，总存在$x_2\in[0,2]$，使得$f(x_1)=g(x_2)$成立，求实数$a$的取值范围.

【错解】$x\in[-1,1]$时，$f(x)\in\left[-a^2-2a-\dfrac{1}{3},5-2a-a^2\right]$；$x\in[0,2]$时，$g(x)\in\left[-\dfrac{1}{3},6\right]$，$\left[-\dfrac{1}{3},6\right]\subseteq\left[-a^2-2a-\dfrac{1}{3},5-2a-a^2\right]$，解得$a\in\varnothing$.

【错析】集合的包含关系弄反.

【正解】$x\in[-1,1]$时，$f(x)\in\left[-a^2-2a-\dfrac{1}{3},5-2a-a^2\right]$；$x\in[0,2]$时，$g(x)\in\left[-\dfrac{1}{3},6\right]$，所以$\left[-\dfrac{1}{3},6\right]\supseteq\left[-a^2-2a-\dfrac{1}{3},5-2a-a^2\right]$.

解得实数a的取值范围是$[-2,0]$.

典型易错题训练

1.已知集合$A=\{m+2,2m^2+m\}$，若$3\in A$，则m的值为_____.

2.已知$P=\{x|2<x<k,x\in\mathbf{N}\}$，若集合$P$中恰有$3$个元素，则$k$的取值范围为_____.

3.已知集合$A=\{x|x=1+a^2,a\in\mathbf{N}_+\}$，$B=\{x|x=a^2-4a+5,a\in\mathbf{N}_+\}$，则(　　).

　　A.$A=B$　　　　B.$A\supseteq B$　　　　C.$A\not\subseteq B$　　　　D.$A\subseteq B$

4.命题"$\forall n\in\mathbf{N}^*,f(n)\in\mathbf{N}^*$且$f(n)\leqslant n$"的否定形式是(　　).

　　A.$\forall n\in\mathbf{N}^*,f(n)\notin\mathbf{N}^*$且$f(n)>n$

B.$\forall n \in \mathbf{N}^*, f(n) \notin \mathbf{N}^*$ 或 $f(n) > n$

C.$\exists n_0 \in \mathbf{N}^*, f(n_0) \notin \mathbf{N}^*$ 且 $f(n_0) > n_0$

D.$\exists n_0 \in \mathbf{N}^*, f(n_0) \notin \mathbf{N}^*$ 或 $f(n_0) > n_0$

5.用列举法表示集合 $A = \left\{ a \,\middle|\, 关于 x 的方程 \dfrac{x+a}{x^2-2} = 1 有唯一实数解 \right\}$.

6.“不等式 $x^2 - x + m > 0$ 在 $\mathbf{R}$ 上恒成立”的一个必要不充分条件是（　　）.

A.$m > \dfrac{1}{4}$ 　　　　　　　　　　B.$0 < m < 1$

C.$m > 0$ 　　　　　　　　　　D.$m > 1$

7.“$a \neq 1$ 或 $b \neq -1$”是“$a + b \neq 0$”的（　　）.

A.充分不必要条件 　　　　　　　B.必要不充分条件

C.充要条件 　　　　　　　　　　D.既非充分条件也非必要条件

8.设集合 $M = \{1, 2, 3, 4, 5, 6\}$,$S_1, S_2, \cdots, S_k$ 都是 M 的含有两个元素的子集,

且满足:对任意的 $S_i = \{a_i, b_i\}$,$S_j = \{a_j, b_j\}$$(i \neq j, i, j \in \{1, 2, 3, \cdots, k\})$ 都有 $\min\left\{ \dfrac{a_i}{b_i}, \dfrac{b_i}{a_i} \right\} \neq$

$\min\left\{ \dfrac{a_j}{b_j}, \dfrac{b_j}{a_j} \right\}$,$(\min\{x, y\}$ 表示两个数 x, y 中的较小者$)$,则 k 的最大值是（　　）.

A.10 　　　　　　B.11 　　　　　　C.12 　　　　　　D.13

1.2 一元二次函数、方程和不等式

 典型易错点分析

易错点1 忽略不等式性质成立条件

例1 已知 $-6 < a < 8, 2 < b < 3$，求 $\dfrac{a}{b}$ 的取值范围.

【错解】因为 $2 < b < 3$，所以 $\dfrac{1}{3} < \dfrac{1}{b} < \dfrac{1}{2}$.

又 $-6 < a < 8$，所以 $-2 < \dfrac{a}{b} < 4$.

【错析】忽略不等式性质可乘性成立的条件：同向且同正.

【正解】因为 $2 < b < 3$，所以 $\dfrac{1}{3} < \dfrac{1}{b} < \dfrac{1}{2}$.

当 $0 < a < 8$ 时，$0 < \dfrac{a}{b} < 4$；

当 $-6 < a < 0$ 时，$0 < -a < 6, 0 < -\dfrac{a}{b} < 3$，故 $-3 < \dfrac{a}{b} < 0$；

当 $a = 0$ 时，$\dfrac{a}{b} = 0$；

综上，$-3 < \dfrac{a}{b} < 4$.

易错点2 忽略不等式中的变号问题

例2 若不等式 $ax^2 + bx + c > 0$ 的解集为 $\{x \mid -1 < x < 2\}$，那么不等式 $a(x^2 + 1) + b(x - 1) + c > 2ax$ 的解集为（　　）.

A.$\{x \mid -2 < x < 1\}$　　　　　　　　B.$\{x \mid x < -2 \text{或} x > 1\}$

C.$\{x|0<x<3\}$ D.$\{x|x<0$ 或 $x>3\}$

【错解】不等式 $ax^2+bx+c>0$ 的解集为 $\{x|-1<x<2\}$,

所以 $\begin{cases} -1+2=-\dfrac{b}{a} \\ (-1)\times 2=\dfrac{c}{a} \end{cases}$,即 $b=-a,c=-2a$.

代入不等式 $a(x^2+1)+b(x-1)+c>2ax$,得 $ax^2-3ax>0$,得 $x<0$ 或 $x>3$,选 D.

【错析】忽略 a 的正负对不等号方向的影响.

【正解】不等式 $ax^2+bx+c>0$ 的解集为 $\{x|-1<x<2\}$,

所以 $\begin{cases} -1+2=-\dfrac{b}{a} \\ (-1)\times 2=\dfrac{c}{a} \end{cases}$,即 $b=-a,c=-2a$,且 $a<0$.

代入不等式 $a(x^2+1)+b(x-1)+c>2ax$,得 $ax^2-3ax>0$,即 $x^2-3x<0$,得 $0<x<3$,选 C.

✎ 易错点3 不等式中的变形不等价

例3 若 α,β 满足 $\begin{cases} -1\leqslant \alpha+\beta\leqslant 1 \\ 1\leqslant \alpha+2\beta\leqslant 3 \end{cases}$,则 $\alpha+3\beta$ 的取值范围是＿＿＿＿＿.

【错解】由 $-1\leqslant \alpha+\beta\leqslant 1$,得 $-1\leqslant -\alpha-\beta\leqslant 1,-2\leqslant -2\alpha-2\beta\leqslant 2$.

又 $1\leqslant \alpha+2\beta\leqslant 3$,相加得 $0\leqslant \beta\leqslant 4,-5\leqslant \alpha\leqslant 1$.

所以 $-5\leqslant \alpha+3\beta\leqslant 13$.

【错析】α,β 并不是相互独立的变量,而是由不等式组相互制约的关系,错解中分别求出 α,β 的范围,就取消了制约关系,扩大了范围,导致变形不等价.

【正解】设 $\alpha+3\beta=x(\alpha+\beta)+y(\alpha+2\beta)=(x+y)\alpha+(x+2y)\beta$,

则 $\begin{cases} x+y=1 \\ x+2y=3 \end{cases}$,解得 $\begin{cases} x=-1 \\ y=2 \end{cases}$.

因为 $-1\leqslant -(\alpha+\beta)\leqslant 1,2\leqslant 2(\alpha+2\beta)\leqslant 6$,两式相加得 $1\leqslant \alpha+3\beta\leqslant 7$.

所以 $\alpha+3\beta$ 的取值范围为 $[1,7]$.

易错点4　忽略基本不等式中的定值

例4　已知 $x>1$，求 $x+\dfrac{2}{x-1}$ 的最小值.

【错解】$x+\dfrac{2}{x-1} \geqslant 2\sqrt{x \cdot \dfrac{2}{x-1}}$，

当 $x=\dfrac{2}{x-1}$，即 $x=2$ 时，等号成立，$x+\dfrac{2}{x-1}$ 的最小值为4.

【错析】"积定，和有最小值"，但 $2\sqrt{x \cdot \dfrac{2}{x-1}}$ 不是定值.

【正解】$x+\dfrac{2}{x-1}=x-1+\dfrac{2}{x-1} \geqslant 2\sqrt{2}$，

当且仅当 $x-1=\dfrac{2}{x-1}$ 即 $x=1+\sqrt{2}$ 时，$x+\dfrac{2}{x-1}$ 的最小值为 $2\sqrt{2}$.

易错点5　忽略不等式中的取等问题

例5　已知正实数 a,b 满足 $a+2b=1$，则 $a^2+4b^2+\dfrac{1}{ab}$ 的最小值为（　　　）.

A.$\dfrac{7}{2}$　　　　　　　　B.4　　　　　　　　C.$\dfrac{161}{36}$　　　　　　　　D.$\dfrac{17}{2}$

【错解】$a^2+4b^2+\dfrac{1}{ab} \geqslant 2a \cdot 2b+\dfrac{1}{ab} \geqslant 2\sqrt{4ab \cdot \dfrac{1}{ab}}=4$.

【错析】因为已知正实数 a,b 满足 $a+2b=1$，所以 $1=a+2b \geqslant 2\sqrt{2ab}$，当且仅当 $a=2b$ 时取等号，解得 $ab \leqslant \dfrac{1}{8}$.

由 $4ab=\dfrac{1}{ab}$，得 $ab=\dfrac{1}{2}$，即"等号"取不到.

【正解】因为已知正实数 a,b 满足 $a+2b=1$，所以 $1=a+2b \geqslant 2\sqrt{2ab}$，当且仅当 $a=2b$ 时取等号.解得 $ab \leqslant \dfrac{1}{8}$，即 $ab \in \left(0, \dfrac{1}{8}\right]$.

$a^2+4b^2+\dfrac{1}{ab}=1-4ab+\dfrac{1}{ab}$ 在 $\left(0,\dfrac{1}{8}\right]$ 上是减函数,

故当 $ab=\dfrac{1}{8}$ 时, $a^2+4b^2+\dfrac{1}{ab}$ 取得最小值为 $\dfrac{17}{2}$.

例 6　已知 $x>0,y>0,xy=4$,求 $x+y+\dfrac{1}{x}+\dfrac{4}{y}$ 的最小值.

【错解】$x+y+\dfrac{1}{x}+\dfrac{4}{y}\geqslant2\sqrt{xy}+2\sqrt{\dfrac{1}{xy}}=5$.

【错析】$x=y$ 与 $\dfrac{1}{x}=\dfrac{4}{y}$ 不能同时取等.

【正解】$x+y+\dfrac{1}{x}+\dfrac{4}{y}=x+\dfrac{4}{x}+\dfrac{1}{x}+x=2x+\dfrac{5}{x}\geqslant2\sqrt{10}$,

当且仅当 $2x=\dfrac{5}{x}$,即 $x=\dfrac{\sqrt{10}}{2}$, $y=\dfrac{4\sqrt{10}}{5}$ 时,取等号.

易错点6　对不等式的讨论不全

例 7　若不等式 $(a-2)x^2+2(a-2)x-4<0$ 对一切 $x\in\mathbf{R}$ 恒成立,则实数 a 的取值范围是_____.

【错解】$\begin{cases}a-2<0\\ \Delta=4(a-2)^2+16(a-2)<0\end{cases}$

解得 $-2<a<2$

所以实数 a 的取值范围是 $(-2,2)$.

【错析】忽略二次项系数为零的情况.

【正解】当 $a=2$ 时,不等式 $-4<0$ 对一切 $x\in\mathbf{R}$ 恒成立.

当 $a\neq2$ 时,则 $\begin{cases}a-2<0\\ \Delta=4(a-2)^2+16(a-2)<0\end{cases}$,

解得 $-2<a<2$.

所以实数 a 的取值范围是 $(-2,2]$.

典型易错题训练

1.函数 $f(x)=x+\dfrac{1}{x}$ 的值域为（　　　）．

A.$[-2,2]$ 　　　　　　　　　　B.$[2,+\infty)$

C.$(-\infty,-2]\cup[2,+\infty)$ 　　　**D.R**

2.已知 $-1<x<4,2<y<3$，则 $x-y$ 的取值范围是＿＿＿＿＿＿＿．

3.若关于 x 的不等式 $(a^2-1)x^2+(a+1)x-1<0$ 恒成立，求 a 的取值范围．

4.已知 $f(x)=ax^2+bx$，若 $-2\leqslant f(1)\leqslant1,2\leqslant f(2)\leqslant4$，求 $f(3)$ 的取值范围．

5.已知 $x>0,y>0$，且 $2x+8y-xy=0$，求 $x+y$ 的最小值．

6.设 $0<x<1,a>0,b>0,a,b$ 为常数，则 $\dfrac{a^2}{x}+\dfrac{b^2}{1-x}$ 的最小值是（　　　）．

A.$4ab$ 　　　　　　　　　　B.$2(a^2+b^2)$

C.$(a+b)^2$ 　　　　　　　　D.$(a-b)^2$

主题2

函　数

2.1　函数的概念与性质

 典型易错点分析

✏ 易错点1　对抽象函数的定义域理解有误

例1　若函数 $y=f(x)$ 的定义域为 $[-2,3]$，则函数 $y=f(2x-3)$ 的定义域为_____.

【错解】因为 $-2\leqslant x\leqslant 3$，所以 $-7\leqslant 2x-3\leqslant 3$，所以定义域为 $[-7,3]$.

【错析】没有理解到函数 $y=f(x)$ 的定义域的意义，这里 $2x-3$ 这个整体的范围才是 $[-2,3]$.

【正解】[整体思想]由函数定义域的定义可知 $-2\leqslant 2x-3\leqslant 3$，解得 $\dfrac{1}{2}\leqslant x\leqslant 3$，所以定义域为 $\left[\dfrac{1}{2},3\right]$.

✎ **易错点2 忽略函数的定义域**

例2 求函数 $y=\sqrt{4x-x^2}$ 的单调递减区间.

【错解】令 $u=4x-x^2$,函数图像开口向下,u 随 x 增大先增后减,即在 $(-\infty,2]$ 单调递增,在 $[2,+\infty)$ 单调递减,所以函数的单调递减区间为 $[2,+\infty)$.

【错析】忽略了函数的定义域.

【正解】由题意得,$4x-x^2\geqslant0$,解得 $0\leqslant x\leqslant4$,即定义域为 $[0,4]$.

令 $u=4x-x^2$,函数图像开口向下,u 随 x 增大先增后减,即在 $(-\infty,2]$ 单调递增,在 $[2,+\infty)$ 单调递减.

与定义域求交集得,函数在 $[0,2]$ 上单调递增,在 $[2,4]$ 上单调递减;

所以函数的单调递减区间为 $[2,4]$.

✎ **易错点3 对单调性定义理解不到位**

例3 若函数 $f(x)=x^2+2(a-1)x+2$ 的单调递减区间为 $(-\infty,4]$,则实数 a 的取值范围是_____.

【错解】由 $(-\infty,4]\subseteq(-\infty,1-a)$,得 $a\leqslant-3$.

【错析】单调区间是一个整体概念,函数在某一区间上单调递减(增),则指此区间是相应单调递减(增)区间的子区间.

【正解】因为函数 $f(x)$ 的单调递减区间为 $(-\infty,4]$,所以 $1-a=4$,$a=-3$,故实数 a 的取值范围是 $\{-3\}$.

例4 若函数 $f(x)=\begin{cases}(2b-1)x+b-1,& x>0\\-x^2+(2-b)x,& x\leqslant0\end{cases}$ 在 $\mathbf{R}$ 上为增函数,则实数 b 的取值范围是_____.

【错解】因为函数 $f(x)$ 在 $\mathbf{R}$ 上为增函数,

所以 $\begin{cases}2b-1>0\\\dfrac{2-b}{2}\geqslant0\end{cases}$,解得 $\dfrac{1}{2}<b\leqslant2$,

故实数 b 的取值范围是 $\left(\dfrac{1}{2}, 2\right]$.

【错析】只考虑了分段函数在各段上的单调性,忽略了函数在整个定义域上的单调性.

【正解】因为函数 $f(x)$ 在 **R** 上为增函数,

所以 $\begin{cases} 2b-1>0 \\ \dfrac{2-b}{2}\geq 0 \\ b-1\geq f(0) \end{cases}$,解得 $1\leq b\leq 2$,

故实数 b 的取值范围是 $[1,2]$.

✏ **易错点4　对奇偶性定义理解不到位**

例5　设 $f(x)$ 为奇函数,且当 $x\geq 0$ 时,$f(x)=e^x-1$,则当 $x<0$ 时,$f(x)=(\qquad)$.

A.$e^{-x}-1$　　　　　　B.$e^{-x}+1$　　　　　　C.$-e^{-x}-1$　　　　　　D.$-e^{-x}+1$

【错解】选 A.

【错析】对函数的奇偶性定义理解错误,没有结合定义域.

【正解】令 $x<0$,则 $-x>0$,所以 $f(-x)=e^{-x}-1$,

由于 $f(x)$ 为奇函数,所以 $f(-x)=-f(x)$,即 $f(x)=-f(-x)=-e^{-x}+1$,

所以选 D.

例6　判断 $f(x)=(x-1)\sqrt{\dfrac{1+x}{1-x}}$ 的奇偶性.

【错解】因为 $f(x)=-\sqrt{(x-1)^2\cdot\dfrac{1+x}{1-x}}=-\sqrt{1-x^2}$,所以 $f(x)$ 是偶函数.

【错析】忽略了函数的定义域,函数为奇(偶)函数的前提是定义域关于原点对称.

【正解】函数 $f(x)$ 的定义域为 $[-1,1)$,不关于原点对称,所以函数 $f(x)$ 既不是奇函数也不是偶函数.

✏️ **易错点5** **运用换元法时忽略新元的取值范围**

例7 已知 $f(\sqrt{x}+1)=x+2\sqrt{x}$，则 $f(x)$ 的解析式为＿＿＿＿＿＿.

【错解】令 $t=\sqrt{x}+1$，则 $x=(t-1)^2$，$f(t)=(t-1)^2+2(t-1)=t^2-1$，所以函数 $f(x)$ 的解析式为 $f(x)=x^2-1$.

【错析】运用换元法时忽略新元的取值范围，导致问题不等价.

【正解】令 $t=\sqrt{x}+1$，则 $x=(t-1)^2$，$t\geqslant 1$，$f(t)=(t-1)^2+2(t-1)=t^2-1(t\geqslant 1)$，所以函数 $f(x)$ 的解析式为 $f(x)=x^2-1(x\geqslant 1)$.

✏️ **易错点6** **忽略 Δ 的适用范围**

例8 函数 $y=\dfrac{2x^2+2x+5}{x^2+x+1}$ 的值域为＿＿＿＿＿＿.

【错解】函数 $y=\dfrac{2x^2+2x+5}{x^2+x+1}$ 整理得 $(y-2)x^2+(y-2)x+y-5=0$，

$\Delta=(y-2)^2-4(y-2)(y-5)\geqslant 0$，即 $2\leqslant y\leqslant 6$，

故所求函数值域为 $[2,6]$.

【错析】二次项系数为零时不能用 Δ.

【正解】函数 $y=\dfrac{2x^2+2x+5}{x^2+x+1}$ 整理得 $(y-2)x^2+(y-2)x+y-5=0$.

当 $y=2$ 时，方程无解；

当 $y\neq 2$ 时，$\Delta=(y-2)^2-4(y-2)(y-5)\geqslant 0$，即 $2<y\leqslant 6$，

故所求函数值域为 $(2,6]$.

✏️ **易错点7** **忽略对参数的讨论**

例9 已知函数 $f(x)=x^2+|x-a|$，$x\in\mathbf{R}$，$a\in\mathbf{R}$，判断函数 $f(x)$ 的奇偶性.

【错解】$f(-x)=x^2+|x+a|\neq\pm f(x)$，故 $f(x)$ 既不是奇函数也不是偶函数.

【错析】忽略对参数a是否为零的讨论.

【正解】当$a=0$时,$f(x)=x^2+|x|$是偶函数;

当$a\neq0$时,$f(-a)=a^2+2|a|$,$f(a)=a^2$,$f(-a)\neq\pm f(a)$,

故$f(x)$既不是奇函数也不是偶函数.

例10　已知a是实数,若函数$f(x)=2ax^2+2x-3-a$在区间$[-1,1]$上恰好有一个零点,则a的取值范围为_____.

【错解】令$\Delta=0$,解得$a=\dfrac{-3\pm\sqrt{7}}{2}$.

【错析】忽略对二次项系数是否为零的讨论,并忽视零点范围.

【正解】(分类讨论)令$f(x)=0$,在区间$[-1,1]$恰有一个零点.

当$a=0$时,$x=\dfrac{3}{2}\notin[-1,1]$,所以$a=0$舍去.

当$a\neq0$时,结合图像讨论:

(1)$\Delta=0$且$-\dfrac{1}{2a}\in[-1,1]\Rightarrow a=\dfrac{-3-\sqrt{7}}{2}$;

(2)$f(-1)\cdot f(1)<0\Rightarrow 1<a<5$;

(3)验证$f(1)=0$或$f(-1)=0\Rightarrow a=1$.

所以a的取值范围是$[1,5)\cup\left\{\dfrac{-3-\sqrt{7}}{2}\right\}$.

典型易错题训练

1.若函数$y=f(x)$的定义域为$[2,6]$,则函数$g(x)=f(x+1)+\sqrt{x-3}$的定义域为_____.

2.已知函数$y=f(x+1)$定义域是$[-2,3]$,则$y=f(2x-1)$的定义域是(　　).

A.$\left[0,\dfrac{5}{2}\right]$　　　　　B.$[-1,4]$　　　　　C.$[-5,5]$　　　　　D.$[-3,7]$

3.函数$f(x)=\sqrt{x^2+2x-8}$的单调递增区间是(　　).

A.$[-1,+\infty)$　　　B.$[1,+\infty)$　　　C.$[2,+\infty)$　　　D.$[4,+\infty)$

4.设 $f(x)=ax^2+bx+2$ 是定义在 $[1+a,2]$ 上的偶函数,则 $f(x)$ 的值域是_____.

5.已知函数 $f(x)=\begin{cases}(a+1)x+1, & x<1 \\ x^2-2x+4, & x\geqslant 1\end{cases}$,在 **R** 上单调递增,则实数 a 的取值范围是(   ).

　　A.$(-1,1]$　　　　　B.$(-1,2)$　　　　　C.$[1,2)$　　　　　D.$(0,+\infty)$

6.函数 $f(x)=\sqrt{ax^2-2ax+1}$ 的定义域为 **R**,则实数 a 的取值范围为_____.

7.已知 $f(x)$ 是定义域为 $[-3,3]$ 的奇函数,当 $-3\leqslant x\leqslant 0$ 时,$f(x)=x^2-2x$,那么不等式 $f(x+1)>f(3-2x)$ 的解集是(   )

　　A.$[0,2]$　　　　　B.$\left(\dfrac{2}{3},+\infty\right)$　　　　C.$\left(-\infty,\dfrac{2}{3}\right)$　　　　D.$\left[0,\dfrac{2}{3}\right)$

8.已知函数 $f(x)=\sqrt{2-x}-\sqrt{x+3}+\ln\left(3^x-\dfrac{1}{3}\right)$ 的定义域为 M.

(1)求 M;

(2)当 $x\in M$ 时,求 $g(x)=4^{x+\frac{1}{2}}-2^{x+2}+1$ 的值域.

2.2 指数函数、对数函数的图像及性质

 典型易错点分析

✏️ **易错点1** 指数(对数)函数定义域考虑不完整

例1 函数 $f(x)=\dfrac{\sqrt{x^2-4}}{\log_2(x-3)}$ 的定义域是_____.

【错解】由 $\begin{cases} x^2-4\geqslant 0 \\ \log_2(x-3)\neq 0 \end{cases}$,得 $x\leqslant -2$ 或 $x\geqslant 2$ 且 $x\neq 4$,

故定义域为 $(-\infty,-2]\cup[2,4)\cup(4,+\infty)$.

【错析】忽略对数函数的真数大于0.

【正解】由 $\begin{cases} x^2-4\geqslant 0 \\ x-3>0 \\ \log_2(x-3)\neq 0 \end{cases}$,得 $\begin{cases} x\leqslant -2\text{或}x\geqslant 2 \\ x>3 \\ x\neq 4 \end{cases}$,

故定义域为 $(3,4)\cup(4,+\infty)$.

✏️ **易错点2** 利用特殊值比较大小时,不能正确估值

例2 已知 $a=2^{0.1}$,$b=\log_{0.3}0.5$,$c=\log_{0.5}0.2$,则(　　　).

A.$c>b>a$　　　　　　B.$b>c>a$　　　　　　C.$c>a>b$　　　　　　D.$a>c>b$

【错解】D.

【错析】利用特殊值比较大小时,特殊值不能确定.

【正解】因为 $1<a=2^{0.1}<2^{0.5}<2$,

$b=\log_{0.3}0.5<\log_{0.3}0.3=1$,

$c=\log_{0.5}0.2>\log_{0.5}0.25=2$,

故选 C.

✏️ **易错点3 忽略底数的取值范围**

例3 函数 $y=\left(\dfrac{1}{2}\right)^{x^2+2x-1}$ 的值域是(   ).

A.$(0,4]$ B.$(0,+\infty)$ C.$(-\infty,4)$ D.$[4,+\infty)$

【错解】由 $\mu(x)=x^2+2x-1=(x+1)^2-2\geqslant -2$,故选 D.

【错析】忽略底数 a 的取值范围,从而影响值域.

【正解】由 $\mu(x)=x^2+2x-1=(x+1)^2-2\geqslant -2$,

指数函数 $y=\left(\dfrac{1}{2}\right)^{\mu}$ 为减函数,且 $y=\left(\dfrac{1}{2}\right)^{\mu}>0$,

则 $0<\left(\dfrac{1}{2}\right)^{\mu}\leqslant \left(\dfrac{1}{2}\right)^{-2}=4$,

所以 $y=\left(\dfrac{1}{2}\right)^{x^2+2x-1}$ 的值域是 $(0,4]$.

故选 A.

例4 $f(x)=a^x$($a>0$,且 $a\neq 1$)在 $[1,2]$ 上的最大值与最小值之和为6,则 $a=$(   ).

A.3   B.$\dfrac{1}{2}$ C.2   D.$\dfrac{1}{3}$

【错解】$f(x)=a^x$ 在 $[1,2]$ 单调递增,所以 $f(x)_{\min}=f(1)=a$,$f(x)_{\max}=f(2)=a^2$,此时 $a^2+a=6$,解得 $a=2$ 或 $a=-3$(舍),所以 $a=2$.

【错析】忽略底数 a 的范围,没有进行分类讨论.

【正解】当 $0<a<1$ 时,$f(x)=a^x$ 在 $[1,2]$ 单调递减,所以 $f(x)_{\max}=f(1)=a$,$f(x)_{\min}=f(2)=a^2$,此时 $a^2+a=6$,解得 $a=2$ 或 $a=-3$,与假设 $0<a<1$ 矛盾;

当 $a>1$ 时,$f(x)=a^x$ 在 $[1,2]$ 单调递增,所以 $f(x)_{\min}=f(1)=a$,$f(x)_{\max}=f(2)=a^2$,此时 $a^2+a=6$,解得 $a=2$ 或 $a=-3$(舍),所以 $a=2$.

故选 C.

易错点4 忽略真数的取值范围

例5 解方程 $\log_2(x-1)=\log_4(x+5)$.

【错解】由题意,得 $\log_4(x-1)^2=\log_4(x+5)$,

所以 $(x-1)^2=x+5$,所以 $x=-1$ 或 $x=4$.

【错析】忽略真数大于0的隐含条件.

【正解】由题意,得 $\log_4(x-1)^2=\log_4(x+5)$,

所以 $(x-1)^2=x+5$,所以 $x=-1$ 或 $x=4$

经检验,$x=-1$ 不合题意,舍去,

所以原方程的解是 $x=4$.

例6 已知函数 $f(x)=\log_{0.5}(x^2-ax+3a)$ 在 $(2,+\infty)$ 上单调递减,则实数 a 的取值范围为(　　).

A.$(-\infty,4]$　　　　　B.$[4,+\infty)$　　　　　C.$[-4,4]$　　　　　D.$(-4,4]$

【错解】令 $g(x)=x^2-ax+3a$,

因为 $f(x)=\log_{0.5}(x^2-ax+3a)$ 在 $(2,+\infty)$ 上单调递减,

所以 $g(x)$ 在 $(2,+\infty)$ 内递增,

所以 $\dfrac{a}{2}\leqslant 2$ 即 $a\leqslant 4$,故选 A.

【错析】忽略真数的取值范围.

【正解】令 $g(x)=x^2-ax+3a$,

因为 $f(x)=\log_{0.5}(x^2-ax+3a)$ 在 $(2,+\infty)$ 上单调递减,

所以 $g(x)$ 在 $(2,+\infty)$ 内递增,且恒大于0,

所以 $\dfrac{a}{2}\leqslant 2$ 且 $g(2)\geqslant 0$,

所以 $-4\leqslant a\leqslant 4$.

故选 C.

✎ **易错点5　忽略指数函数恒大于0的隐含条件**

例7　关于 x 的方程 $\left(\dfrac{2}{5}\right)^x=\dfrac{3a+2}{5-a}$ 有正实数根,则实数 a 的取值范围为_____

_____.

【错解】方程 $\left(\dfrac{2}{5}\right)^x=\dfrac{3a+2}{5-a}$ 有正实数根,则 $\dfrac{3a+2}{5-a}<1$,解得 $a<\dfrac{3}{4}$ 或 $a>5$.

【错析】忽略了 $\left(\dfrac{2}{5}\right)^x>0$ 的隐含条件.

【正解】方程 $\left(\dfrac{2}{5}\right)^x=\dfrac{3a+2}{5-a}$ 有正实数根,则 $0<\dfrac{3a+2}{5-a}<1$,解得 $-\dfrac{2}{3}<a<\dfrac{3}{4}$,所以实数 a 的取值范围为 $\left(-\dfrac{2}{3},\dfrac{3}{4}\right)$.

✎ **易错点6　用换元法求解指数(对数)函数值域时,忽略新元的范围**

例8　已知函数 $f(x)=\sqrt{2-x}-\sqrt{x+3}+\ln\left(3^x-\dfrac{1}{3}\right)$ 的定义域为 M.当 $x\in M$ 时,求 $g(x)=4^{x+\frac{1}{2}}-2^{x+2}+1$ 的值域.

【错解】$g(x)=2\cdot(2^x)^2-4\cdot2^x+1$,

令 $t=2^x,t\in(0,+\infty)$,则 $g(t)=2t^2-4t+1$.当 $t\in(0,1]$ 时,$g(t)$ 单调递减,$t\in[1,+\infty)$ 时,$g(t)$ 单调递增,所以 $g(t)_{\min}=g(1)=-1$,$g(t)_{\max}$ 无,所以 $g(t)$ 的值域为 $[-1,+\infty)$.

【错析】换元法忽略了新元的范围.

【正解】$g(x)=2\times(2^x)^2-4\times2^x+1$,

由 $x\in(-1,2]$,得 $2^x\in\left(\dfrac{1}{2},4\right]$.

令 $t=2^x,t\in\left(\dfrac{1}{2},4\right]$,则 $g(t)=2t^2-4t+1$.

当 $t\in\left(\dfrac{1}{2},1\right]$ 时,$g(t)$ 单调递减,$t\in[1,4]$ 时,$g(t)$ 单调递增,所以 $g(t)_{\min}=g(1)=$

$-1,g(t)_{\max}=g(4)=17,$

所以$g(t)$的值域为$[-1,17]$.

易错点7 复合函数理解不到位

例9 已知函数$f(x)=\log_2[ax^2+(a-1)x+1]$的值域为$\mathbf{R}$,求实数$a$的取值范围.

【错解】设$y=ax^2+(a-1)x+1$,则$(0,+\infty)\subseteq\{y\mid y=ax^2+(a-1)x+1\}$.

所以$a=0$或$\begin{cases}a>0\\(a-1)^2-4a<0\end{cases}$,解得$a$的取值范围为$(3-2\sqrt{2},3+2\sqrt{2})\cup\{0\}$.

【错析】当且仅当$y=ax^2+(a-1)x+1$的值能够取遍一切正实数时,函数$f(x)=\log_2[ax^2+(a-1)x+1]$的值域才为$\mathbf{R}$,$\Delta<0$时,$f(x)>0$恒成立,仅保证定义域是$\mathbf{R}$.

【正解】设$y=ax^2+(a-1)x+1$,则$(0,+\infty)\subseteq\{y\mid y=ax^2+(a-1)x+1\}$,

所以$a=0$或$\begin{cases}a>0\\(a-1)^2-4a\geq0\end{cases}$,解得$[0,3-2\sqrt{2}]\cup[3+2\sqrt{2},+\infty)$.

典型易错题训练

1.函数$f(x)=\sqrt{\log_2(x-1)}$的定义域是（ ）.

   A.$(1,+\infty)$ B.$(2,+\infty)$ C.$[1,+\infty)$ D.$[2,+\infty)$

2.已知$a=2^{\frac{4}{3}},b=4^{\frac{2}{5}},c=25^{\frac{1}{3}}$,则$a,b,c$的大小关系是（ ）.

   A.$a<b<c$ B.$b<a<c$ C.$c<a<b$ D.$c<b<a$

3.已知$a=\log_5 2,b=\log_{0.5}0.4,c=0.5^{0.2}$,则$a,b,c$的大小关系为（ ）.

   A.$a<c<b$ B.$a<b<c$ C.$b<c<a$ D.$c<a<b$

4."$b\leq1$"是"函数$f(x)=\begin{cases}bx+2,x>0\\\log_2(x+2)+b,-2<x\leq0\end{cases}$是在$(-2,+\infty)$上的单调函数"的（ ）.

A.充分不必要条件   B.充要条件

C.必要不充分条件   D.既不充分也不必要条件

5.已知 $a>0$ 且 $a\neq1$,若函数 $f(x)=\log_a(ax^2-x)$ 在 $[3,4]$ 是增函数,则 a 的取值范围是( ).

     A.$(1,+\infty)$ B.$\left(\dfrac{1}{6},\dfrac{1}{4}\right)\cup(1,+\infty)$

     C.$\left[\dfrac{1}{8},\dfrac{1}{4}\right)\cup(1,+\infty)$ D.$\left[\dfrac{1}{6},\dfrac{1}{4}\right)$

6.若方程 $\left(\dfrac{1}{4}\right)^x+\left(\dfrac{1}{2}\right)^{x-1}+a=0$ 有正数解,则实数 a 的取值范围是( ).

     A.$(-\infty,1)$ B.$(-\infty,-2)$ C.$(-3,-2)$ D.$(-3,0)$

7.若实数 x,y 满足 $4^x+4^y=2^{x+1}+2^{y+1}$,则 $t=2^x+2^y$ 的取值范围为( ).

     A.$0<t\leqslant2$ B.$0<t\leqslant4$ C.$2<t\leqslant4$ D.$t\geqslant4$

2.3　三角函数概念与性质

 典型易错点分析

易错点1　忽略角终边的具体位置

例1　角 α 的终边落在直线 $y=2x$ 上,则 $\sin\alpha$ 的值为＿＿＿＿.

【错解】在角的终边上取点 $P(1,2)$,所以 $r=|OP|=\sqrt{1^2+2^2}=\sqrt{5}$,所以 $\sin\alpha=$

$\dfrac{y}{r}=\dfrac{2}{\sqrt{5}}=\dfrac{2\sqrt{5}}{5}$.

【错析】角的终边为一条射线,没有对两种情况进行讨论.

【正解】当角的终边在第一象限时,在角的终边上取点 $P(1,2)$,

由 $r=|OP|=\sqrt{1^2+2^2}=\sqrt{5}$,得 $\sin\alpha=\dfrac{2}{\sqrt{5}}=\dfrac{2\sqrt{5}}{5}$.

当角的终边在第三象限时,在角的终边上取点 $Q(-1,-2)$,同理,

所以 $\sin\alpha=\dfrac{-2}{\sqrt{5}}=-\dfrac{2\sqrt{5}}{5}$.

易错点2　对不同位置的三角函数基本关系理解不到位

例2　已知 $\cos\theta=t$,求 $\sin\theta$、$\tan\theta$ 的值.

【错解】①当 $0<t<1$ 时,θ 为第一或第四象限角.

当 θ 为第一象限角时,$\sin\theta=\sqrt{1-\cos^2\theta}=\sqrt{1-t^2}$,$\tan\theta=\dfrac{\sin\theta}{\cos\theta}=\dfrac{\sqrt{1-t^2}}{t}$;

当 θ 为第四象限角时,$\sin\theta=-\sqrt{1-\cos^2\theta}=-\sqrt{1-t^2}$,$\tan\theta=\dfrac{\sin\theta}{\cos\theta}=-\dfrac{\sqrt{1-t^2}}{t}$.

②当$-1<t<0$时,θ为第二或第三象限角.

当θ为第二象限角时,$\sin\theta=\sqrt{1-\cos^2\theta}=\sqrt{1-t^2}$,$\tan\theta=\dfrac{\sin\theta}{\cos\theta}=\dfrac{\sqrt{1-t^2}}{t}$;

当θ为第三象限角时,$\sin\theta=-\sqrt{1-\cos^2\theta}=-\sqrt{1-t^2}$,$\tan\theta=\dfrac{\sin\theta}{\cos\theta}=-\dfrac{\sqrt{1-t^2}}{t}$.

【错析】讨论不全面,漏掉了很多情况,如$t=-1$,$t=0$,$t=1$.

【正解】①当$t=-1$时,$\sin\theta=0$,$\tan\theta=0$.

②当$-1<t<0$时,θ为第二或第三象限角.

若θ为第二象限角,则$\sin\theta=\sqrt{1-t^2}$,$\tan\theta=\dfrac{\sqrt{1-t^2}}{t}$;

若θ为第三象限角,则$\sin\theta=-\sqrt{1-t^2}$,$\tan\theta=\dfrac{-\sqrt{1-t^2}}{t}$.

③当$t=0$时,$\sin\theta=1$,$\tan\theta$不存在;$\sin\theta=-1$,$\tan\theta$不存在.

④当$0<t<1$时,θ为第一或第四象限角.

若θ为第一象限角,则$\sin\theta=\sqrt{1-t^2}$,$\tan\theta=\dfrac{\sqrt{1-t^2}}{t}$;

若θ为第四象限角,则$\sin\theta=-\sqrt{1-t^2}$,$\tan\theta=\dfrac{-\sqrt{1-t^2}}{t}$.

⑤当$t=1$时,$\sin\theta=0$,$\tan\theta=0$.

✐ 易错点3　对运用任意角的三角函数定义进行切化弦理解不到位

例3　已知$f(\tan x)=1+\sin^2 x$,则$f(\cos 60°)=$ _____.

【错解】$\tan x=\cos 60°=\dfrac{1}{2}$,所以$x=30°$.

故$f(\cos 60°)=1+\sin^2 30°=\dfrac{5}{4}$.

【错析】$\tan x=\cos 60°=\dfrac{1}{2}$,求解函数时需要正弦值,错解中没有根据三角函数定义讨论终边位置,求取正弦值.

【正解】$\tan x=\dfrac{1}{2}$,当x终边在第一象限时,取终边上任意一点坐标为$(2,1)$,

则 $\sin x = \dfrac{1}{\sqrt{1^2+2^2}} = \dfrac{1}{\sqrt{5}}$；当 x 终边在第三象限时,取终边上任意一点坐标为

$(-2,-1)$, $\sin x = \dfrac{-1}{\sqrt{1^2+2^2}} = \dfrac{-1}{\sqrt{5}}$.

故 $f(\cos 60°) = f\left(\dfrac{1}{2}\right) = 1 + \left(\pm\dfrac{1}{\sqrt{5}}\right)^2 = \dfrac{6}{5}$.

🖊 **易错点4　不注意题中隐含条件,忽略角的限制范围**

例4　若 $\sin\alpha = \dfrac{\sqrt{5}}{5}$, $\sin\beta = \dfrac{\sqrt{10}}{10}$,且 α,β 均为锐角,求 $\alpha+\beta$ 的值.

【错解】已知 α 为锐角,所以 $\cos\alpha = \sqrt{1-\sin^2\alpha} = \dfrac{2\sqrt{5}}{5}$,已知 β 为锐角,所以

$\cos\beta = \sqrt{1-\sin^2\beta} = \dfrac{3\sqrt{10}}{10}$,且 $\sin(\alpha+\beta) = \sin\alpha\cos\beta + \cos\alpha\sin\beta = \dfrac{\sqrt{2}}{2}$.

由于 $\alpha,\beta\in\left(0,\dfrac{\pi}{2}\right)$, $\alpha+\beta\in(0,\pi)$,故 $\alpha+\beta = \dfrac{\pi}{4}$ 或 $\dfrac{3\pi}{4}$.

【错析】没有注意挖掘题目中的隐含条件,忽视了锐角的范围的限制,造成

出错. $\sin\alpha = \dfrac{\sqrt{5}}{5} < \dfrac{1}{2}$, $\sin\beta = \dfrac{\sqrt{10}}{10} < \dfrac{1}{2}$,使得 $\alpha,\beta\in\left(0,\dfrac{\pi}{6}\right)$ 从而 $\alpha+\beta\in\left(0,\dfrac{\pi}{3}\right)$.

【正解】已知 α 为锐角,所以 $\cos\alpha = \sqrt{1-\sin^2\alpha} = \dfrac{2\sqrt{5}}{5}$,已知 β 为锐角,所以

$\cos\beta = \sqrt{1-\sin^2\beta} = \dfrac{3\sqrt{10}}{10}$,且 $\cos(\alpha+\beta) = \cos\alpha\cos\beta - \sin\alpha\sin\beta = \dfrac{\sqrt{2}}{2}$.

由于 $\alpha,\beta\in\left(0,\dfrac{\pi}{6}\right)$, $\alpha+\beta\in\left(0,\dfrac{\pi}{3}\right)$,故 $\alpha+\beta = \dfrac{\pi}{4}$.

例5　已知方程 $x^2 + 3\sqrt{3}x + 4 = 0$ 的两个实数根分别为 $\tan\alpha,\tan\beta$,且 $\alpha,\beta\in\left(-\dfrac{\pi}{2},\dfrac{\pi}{2}\right)$,则 $\alpha+\beta = (\qquad)$.

  A. $\dfrac{2\pi}{3}$ B. $-\dfrac{2\pi}{3}$ C. $\dfrac{\pi}{3}$ 或 $-\dfrac{2\pi}{3}$ D. $-\dfrac{\pi}{3}$ 或 $\dfrac{2\pi}{3}$

【错解】已知方程 $x^2+3\sqrt{3}x+4=0$ 的两个实数根分别为 $\tan\alpha,\tan\beta$，

所以 $\tan\alpha+\tan\beta=-3\sqrt{3}$，

$\tan\alpha\cdot\tan\beta=4$，

由于 $\alpha,\beta\in\left(-\dfrac{\pi}{2},\dfrac{\pi}{2}\right)$，从而 $\alpha+\beta\in(-\pi,\pi)$.

又因为 $\tan(\alpha+\beta)=\dfrac{\tan\alpha+\tan\beta}{1-\tan\alpha\cdot\tan\beta}=\sqrt{3}$，

所以 $\alpha+\beta=-\dfrac{2\pi}{3}$ 或 $\dfrac{\pi}{3}$.

【错析】没有注意挖掘题目中的隐含条件，忽视了 $\tan\alpha+\tan\beta=-3\sqrt{3}<0$，$\tan\alpha\cdot\tan\beta=4>0$ 对角范围的限制，隐含的 $\tan\alpha,\tan\beta$ 均小于 0，将 α,β 的范围限制在 $\left(-\dfrac{\pi}{2},0\right)$ 内.

【正解】已知方程 $x^2+3\sqrt{3}x+4=0$ 的两个实数根分别为 $\tan\alpha,\tan\beta$，

所以 $\tan\alpha+\tan\beta=-3\sqrt{3}<0$，

$\tan\alpha\cdot\tan\beta=4>0$.

又因为 $\alpha,\beta\in\left(-\dfrac{\pi}{2},\dfrac{\pi}{2}\right)$，

所以 $\alpha,\beta\in\left(-\dfrac{\pi}{2},0\right)$，从而 $\alpha+\beta\in(-\pi,0)$，

又因为 $\tan(\alpha+\beta)=\dfrac{\tan\alpha+\tan\beta}{1-\tan\alpha\cdot\tan\beta}=\sqrt{3}$.

所以 $\alpha+\beta=-\dfrac{2\pi}{3}$，选 B.

典型易错题训练

1.已知角 α 的终边过点 $P(m,2m),m\neq0$，则角 α 的正弦值、余弦值分别为_____.

2.如果 $\cos(-80°)=k$，那么 $\tan100°=$_____.

3.已知角 α 在第二象限,其终边上存在一点 $P(x,\sqrt{5})$,且 $\cos\alpha=\dfrac{\sqrt{2}}{4}x$,求 $\sin\alpha$.

4.(多选)若角 α 的顶点为坐标原点,始边在 x 轴的非负半轴上,终边在直线 $y=-\sqrt{3}x$ 上,则角 α 的取值集合是(　　　).

A.$\left\{\alpha\left|\alpha=2k\pi-\dfrac{\pi}{3}\right.,\text{或}\alpha=2k\pi+\dfrac{2\pi}{3},k\in\mathbf{Z}\right\}$

B.$\left\{\alpha\left|\alpha=2k\pi+\dfrac{2\pi}{3}\right.,k\in\mathbf{Z}\right\}$

C.$\left\{\alpha\left|\alpha=k\pi-\dfrac{2\pi}{3}\right.,k\in\mathbf{Z}\right\}$

D.$\left\{\alpha\left|\alpha=k\pi-\dfrac{\pi}{3}\right.,k\in\mathbf{Z}\right\}$

5.设 $0<\alpha<\pi$,$\sin\alpha+\cos\alpha=\dfrac{1}{2}$,则 $\cos2\alpha$ 的值为＿＿＿＿＿＿＿＿.

6.已知 $\sin x+\cos x=\dfrac{7}{13}$,则 $\tan x=$＿＿＿＿＿＿＿.

2.4　三角恒等变换

 典型易错点分析

易错点1　忽略三角函数定义域

例1　判断函数 $f(x)=\dfrac{1-\cos x+\sin x}{1+\cos x+\sin x}$ 的奇偶性.

【错解】 $f(x)=\dfrac{1-\left(1-2\sin^2\dfrac{x}{2}\right)+2\sin\dfrac{x}{2}\cos\dfrac{x}{2}}{1+\left(2\cos^2\dfrac{x}{2}-1\right)+2\sin\dfrac{x}{2}\cos\dfrac{x}{2}}=\dfrac{2\sin\dfrac{x}{2}\left(\sin\dfrac{x}{2}+\cos\dfrac{x}{2}\right)}{2\cos\dfrac{x}{2}\left(\sin\dfrac{x}{2}+\cos\dfrac{x}{2}\right)}=\tan\dfrac{x}{2}.$

又因为 $\dfrac{x}{2}\neq k\pi+\dfrac{\pi}{2},k\in\mathbf{Z}$,所以 $x\neq 2k\pi+\pi,k\in\mathbf{Z}$,定义域关于原点对称.

又因为 $f(-x)=\tan\left(-\dfrac{x}{2}\right)=-\tan\dfrac{x}{2},$

所以 $f(x)$ 是奇函数.

【错析】 利用公式将 $f(x)$ 化简是本题的突破口,得到的结果是 $f(x)=\tan\dfrac{x}{2}.$ 但在求奇偶性时,忽略了定义域遵循化简前原函数的原则.

【正解】 要使函数有意义,$1+\cos x+\sin x\neq 0$,

则有 $\left\{x\,\middle|\,x\neq 2k\pi-\dfrac{\pi}{2}\text{且}x\neq 2k\pi-\pi,k\in\mathbf{Z}\right\}$,

即 $f(x)$ 的定义域 $\left\{x\,\middle|\,x\neq 2k\pi-\dfrac{\pi}{2}\text{且}x\neq 2k\pi-\pi,k\in\mathbf{Z}\right\}$ 不关于原点对称,

故 $f(x)$ 是非奇非偶函数.

易错点2　不能正确进行三角函数图像变换

例2　先将函数 $y=\sin 2x$ 的图像向右平移 $\dfrac{\pi}{3}$ 个单位长度,再将所得图像作

关于 y 轴的对称变换,则所得函数图像对应的解析式为(　　).

　　A.$y=\sin\left(-2x+\dfrac{\pi}{3}\right)$　　　　　　　　　B.$y=\sin\left(-2x-\dfrac{\pi}{3}\right)$

　　C.$y=\sin\left(-2x+\dfrac{2\pi}{3}\right)$　　　　　　　　D.$y=\sin\left(-2x-\dfrac{2\pi}{3}\right)$

【错解】向右平移 $\dfrac{\pi}{3}$ 个单位长度,即 $y=\sin\left(2x-\dfrac{\pi}{3}\right)$,再将所得图像作关于 y 轴的对称变换,即 $y=\sin\left(-2x-\dfrac{\pi}{3}\right)$.故选 B.

【错析】将函数 $y=\sin 2x$ 的图像向右平移 $\dfrac{\pi}{3}$ 个单位长度时,是 x 变换,不是 $2x$ 变换,应写成 $y=\sin\left[2\left(x-\dfrac{\pi}{3}\right)\right]$,即 $y=\sin\left(2x-\dfrac{2\pi}{3}\right)$.

【正解】将函数 $y=\sin 2x$ 的图像向右平移 $\dfrac{\pi}{3}$ 个单位长度,得 $y=\sin\left[2\left(x-\dfrac{\pi}{3}\right)\right]$,即 $y=\sin\left(2x-\dfrac{2\pi}{3}\right)$.再将所得图像作关于 y 轴的对称变换,x 变 $-x$,即 $y=\sin\left(-2x-\dfrac{\pi}{3}\right)$.故选 D.

例 3　为得到函数 $y=\cos\left(2x+\dfrac{\pi}{3}\right)$ 的图像,只需将函数 $y=\sin 2x$ 的图像(　　).

　　A.向左平移 $\dfrac{5\pi}{12}$ 个长度单位　　　　　　B.向右平移 $\dfrac{5\pi}{12}$ 个长度单位

　　C.向左平移 $\dfrac{5\pi}{6}$ 个长度单位　　　　　　　D.向右平移 $\dfrac{5\pi}{6}$ 个长度单位

【错解】$y=\cos\left(2x+\dfrac{\pi}{3}\right)=\sin\left(2x+\dfrac{\pi}{3}+\dfrac{\pi}{2}\right)=\sin\left[2\left(x+\dfrac{5\pi}{12}\right)\right]$,因此向右平移 $\dfrac{5\pi}{12}$ 个长度单位,故选 B.

【错析】没有注意到变换方向导致了错解,目标是 $y=\cos\left(2x+\dfrac{\pi}{3}\right)$ 的图像.

【正解】$y=\cos\left(2x+\dfrac{\pi}{3}\right)=\sin\left(2x+\dfrac{\pi}{3}+\dfrac{\pi}{2}\right)=\sin\left[2\left(x+\dfrac{5\pi}{12}\right)\right]$,因此将函数 $y=$

$\sin 2x$ 的图像向左平移 $\dfrac{5\pi}{12}$ 个长度单位即可. 故选 A.

✎ **易错点3** 不能准确求解 $y=A\sin(\omega x+\varphi)$ 单调区间

例4 已知函数 $f(x)=2\cos\left(\dfrac{\pi}{3}-\dfrac{x}{2}\right)$，求 $f(x)$ 的单调递增区间.

【错解】由 $-\pi\leqslant\dfrac{\pi}{3}-\dfrac{x}{2}\leqslant 0$ 得，$\dfrac{2\pi}{3}\leqslant x\leqslant\dfrac{8\pi}{3}$，所以 $f(x)$ 的单调递增区间为 $\left[\dfrac{2\pi}{3},\dfrac{8\pi}{3}\right]$.

【错析】忽略了函数 $f(x)$ 的周期性.

【正解】因为 $f(x)=2\cos\left(\dfrac{\pi}{3}-\dfrac{x}{2}\right)=2\cos\left(\dfrac{x}{2}-\dfrac{\pi}{3}\right)$. 由 $2k\pi-\pi\leqslant\dfrac{x}{2}-\dfrac{\pi}{3}\leqslant 2k\pi$，得 $4k\pi-\dfrac{4\pi}{3}\leqslant x\leqslant 4k\pi+\dfrac{2\pi}{3}$ $(k\in\mathbf{Z})$. 故 $f(x)$ 的单调递增区间为 $\left[4k\pi-\dfrac{4\pi}{3},4k\pi+\dfrac{2\pi}{3}\right]$ $(k\in\mathbf{Z})$.

✎ **易错点4** 不能准确求解三角函数值域

例5 函数 $y=5\sin(x+20°)+4\cos(x+50°)$ 的最大值为_____.

【错解】函数的最大值为 $\sqrt{5^2+4^2}=\sqrt{41}$.

【错析】形如 $y=a\sin x+b\cos x$ 的函数的最大值为 $\sqrt{a^2+b^2}$，而函数 $y=5\sin(x+20°)+4\cos(x+50°)$ 不符合上述形式.

【正解】$y=5\sin(x+20°)+4\cos(x+50°)$

$=5\sin(x+20°)+4\cos[(x+20°)+30°]$

$=5\sin(x+20°)+4\cos(x+20°)\cos 30°-4\sin(x+20°)\sin 30°$

$=5\sin(x+20°)+2\sqrt{3}\cos(x+20°)-2\sin(x+20°)$

$=3\sin(x+20°)+2\sqrt{3}\cos(x+20°)$，

所以 $y_{max}=\sqrt{3^2+\left(2\sqrt{3}\right)^2}=\sqrt{21}$.

易错点5 盲目化简,繁琐无效

例6 函数 $y=\sin\left(3x+\dfrac{\pi}{3}\right)\cos\left(x-\dfrac{\pi}{6}\right)+\cos\left(3x+\dfrac{\pi}{3}\right)\cos\left(x+\dfrac{\pi}{3}\right)$ 的图像的一条对称轴的方程是( ).

A.$x=\dfrac{\pi}{4}$ B.$x=\dfrac{\pi}{8}$ C.$x=-\dfrac{\pi}{4}$ D.$x=\dfrac{\pi}{2}$

【错解】按两角和差公式打开,使式子更复杂,从而不能准确化简.

【错析】没能观察表达式的整体构造,盲目化简导致表达式变繁而无法继续化简.

【正解】$y=\sin\left(3x+\dfrac{\pi}{3}\right)\cos\left(x-\dfrac{\pi}{6}\right)-\cos\left(3x+\dfrac{\pi}{3}\right)\sin\left(x-\dfrac{\pi}{6}\right)=\sin\left(2x+\dfrac{\pi}{2}\right)=\cos 2x$,故选 D.

易错点6 忽略角的取值范围

例7 在 $\triangle ABC$ 中,若 $C=3B$,则 $\dfrac{c}{b}$ 的取值范围为_____.

【错解】由正弦定理,可得

$\dfrac{c}{b}=\dfrac{\sin C}{\sin B}=\dfrac{\sin 3B}{\sin B}=\dfrac{\sin 2B\cos B+\cos 2B\sin B}{\sin B}=2\cos^2 B+\cos 2B=4\cos^2 B-1$.

$0\leqslant\cos^2 B<1$,所以 $-1\leqslant 4\cos^2 B-1<3$.

由 $b>0,c>0$,可得 $0<\dfrac{c}{b}<3$.

【错析】没有考虑角 B 的取值范围,误认为角 B 的取值范围为 $(0°,180°)$.

【正解】由正弦定理可得

$\dfrac{c}{b}=\dfrac{\sin C}{\sin B}=\dfrac{\sin 3B}{\sin B}=\dfrac{\sin 2B\cos B+\cos 2B\sin B}{\sin B}=2\cos^2 B+\cos 2B=4\cos^2 B-1$.

由于 $A+B+C=180°,C=3B$,

所以 $0°<B<45°$,所以 $\dfrac{\sqrt{2}}{2}<\cos B<1$.

所以 $1<4\cos^2 B-1<3$,即 $1<\dfrac{c}{b}<3$.

例 8 在 $\triangle ABC$ 中,$3\sin A+4\cos B=6$,$3\cos A+4\sin B=1$,则 C 的大小为( ).

A.$\dfrac{\pi}{6}$ B.$\dfrac{5}{6}\pi$ C.$\dfrac{\pi}{6}$或$\dfrac{5}{6}\pi$ D.$\dfrac{\pi}{3}$或$\dfrac{2}{3}\pi$

【错解】C.

由题意知 $\begin{cases} 3\sin A+4\cos B=6 \\ 3\cos A+4\sin B=1 \end{cases}$,平方相加得 $\sin(A+B)=\dfrac{1}{2}$,

所以 $\sin C=\dfrac{1}{2}$,

所以 $C=\dfrac{\pi}{6}$ 或 $C=\dfrac{5\pi}{6}$.

【错析】忽略隐含条件 $\cos A<\dfrac{1}{3}$.

【正解】由题意知 $\begin{cases} 3\sin A+4\cos B=6 \\ 3\cos A+4\sin B=1 \end{cases}$,平方相加得 $\sin(A+B)=\dfrac{1}{2}$,

所以 $\sin C=\dfrac{1}{2}$,

所以 $C=\dfrac{\pi}{6}$ 或 $C=\dfrac{5\pi}{6}$.

若 $C=\dfrac{5\pi}{6}$,则 $A+B=\dfrac{\pi}{6}$,所以 $A<\dfrac{\pi}{6}$,$\cos A>\dfrac{\sqrt{3}}{2}$.

因为 $1-3\cos A=4\sin B>0$,所以 $\cos A<\dfrac{1}{3}$,前后矛盾,故舍去.

所以 $C=\dfrac{\pi}{6}$.故选 A.

典型易错题训练

1.函数 $y = \sin x\left(1 + \tan x \tan \dfrac{x}{2}\right)$ 的最小正周期为(　　).

　A.π　　　　　　　　B.2π　　　　　　　　C.$\dfrac{\pi}{2}$　　　　　　　　D.$\dfrac{3\pi}{2}$

2.为了得到函数 $y = \sin\left(2x - \dfrac{\pi}{6}\right)$ 的图像,可以将函数 $y = \cos 2x$ 的图像(　　).

　A.向右平移 $\dfrac{\pi}{6}$ 　　　　　　　　　　B.向右平移 $\dfrac{\pi}{3}$

　C.向左平移 $\dfrac{\pi}{6}$ 　　　　　　　　　　D.向左平移 $\dfrac{\pi}{3}$

3.将函数 $f(x) = \sin(2x + \theta)\left(-\dfrac{\pi}{2} < \theta < \dfrac{\pi}{2}\right)$ 的图像向右平移 $\varphi(\varphi > 0)$ 个单位长度后得到函数 $g(x)$ 的图像,若 $f(x)$、$g(x)$ 的图像都经过点 $P\left(0, \dfrac{\sqrt{3}}{2}\right)$,则 φ 的值可以是(　　).

　A.$\dfrac{5\pi}{3}$　　　　　　B.$\dfrac{5\pi}{6}$　　　　　　C.$\dfrac{\pi}{2}$　　　　　　D.$\dfrac{\pi}{6}$

4.函数 $y = \tan\left(\dfrac{\pi}{3} - 2x\right)$ 的单调递减区间是_____.

5.已知函数 $y = a\sin x + 2, x \in \mathbf{R}$ 的最大值为3,则实数 a 的值是_____.

6.若函数 $y = \tan(2x + \theta)$ 的图像的一个对称中心为 $\left(\dfrac{\pi}{3}, 0\right)$,且 $-\dfrac{\pi}{2} < \theta < \dfrac{\pi}{2}$,则 θ 的值是_____.

7.已知函数 $f(x) = \sin 2x - 2\sin^2 x$

　(1)求函数 $f(x)$ 的最小正周期;

　(2)求函数 $f(x)$ 在 $\left[-\dfrac{\pi}{4}, \dfrac{3\pi}{8}\right]$ 上的值域.

8.已知 $a, 2a - 1, 2a + 1$ 是钝角三角形的三边,则实数 a 的取值范围为_____.

9.将函数 $y = f(x)\sin x$ 的图像向右平移 $\dfrac{\pi}{4}$ 个单位后,再作关于 x 轴的对称变换,得到函数 $y = 1 - 2\sin^2 x$ 的图像,则 $f(x)$ 可以是(　　).

A.$-2\cos x$ B.$2\cos x$ C.$-2\sin x$ D.$2\sin x$

10.在△ABC中,已知a,b,c是角A,B,C的对应边,则

①若$a>b$,则$f(x)=(\sin A-\sin B)x$在$\mathbf{R}$上是增函数;

②若$a^2-b^2=(a\cos B+b\cos A)^2$,则△$ABC$是Rt△;

③$\cos C+\sin C$的最小值为$-\sqrt{2}$;

④若$\cos 2A=\cos 2B$,则$A=B$;

⑤若$(1+\tan A)(1+\tan B)=2$,则$A+B=\dfrac{3\pi}{4}$.

其中错误命题的序号是_____.

2.5 等差数列和等比数列

 **典型易错点分析**

易错点1 由 S_n 求通项 a_n 时忽略 $n=1$ 的情况

例1 已知数列 $\{a_n\}$ 的前 n 项和为 S_n，$S_n = 3^n - 2$，求数列 $\{a_n\}$ 的通项公式．

【错解】$a_n = S_n - S_{n-1} = 3^n - 2 - (3^{n-1} - 2) = 2 \cdot 3^{n-1}$．

【错析】在运用 $a_n = S_n - S_{n-1}$ 求通项时没有注意 $n \geq 2$，没有分析 $n=1$ 的情况．

【正解】当 $n=1$ 时，$a_1 = S_1 = 1$．

当 $n \geq 2$ 时，$a_n = S_n - S_{n-1} = 3^n - 2 - (3^{n-1} - 2) = 2 \cdot 3^{n-1}$．

由于 $a_1 = 1$ 不符合上式，因此数列 $\{a_n\}$ 的通项公式为 $a_n = \begin{cases} 1, & (n=1) \\ 2 \cdot 3^{n-1} & (n \geq 2) \end{cases}$．

易错点2 对等差数列性质应用有误

例2 已知等差数列 $\{a_n\}$ 的前 m 项，前 $2m$ 项，前 $3m$ 项的和分别为 S_m，S_{2m}，S_{3m}，若 $S_m = 30$，$S_{2m} = 90$，求 S_{3m}．

【错解】因为 $\{a_n\}$ 是等差数列，所以 S_m，S_{2m}，S_{3m} 为等差数列．所以 $S_{3m} = 150$．

【错析】由 $\{a_n\}$ 为等差数列，得出 S_m，S_{2m}，S_{3m} 为等差数列的结论是错误的．

【正解】设数列的公差为 d，则

$$S_m = \left(a_1 + \frac{m-1}{2}d\right)m, \quad S_{2m} - S_m = \left(a_1 + \frac{3m-1}{2}d\right)m, \quad S_{3m} - S_{2m} = \left(a_1 + \frac{5m-1}{2}d\right)m.$$

所以 S_m，$S_{2m} - S_m$，$S_{3m} - S_{2m}$ 是公差为 $m^2 d$ 的等差数列，

所以 $2(S_{2m} - S_m) = S_m + S_{3m} - S_{2m}$，

即 $2 \times (90 - 30) = 30 + S_{3m} - 90$，

所以 $S_{3m}=180$.

易错点3　对等差数列、等比数列判断有误

例3 已知数列 $\{a_n\}$ 满足 $a_1=1$, $a_n=3^{n-1}+a_{n-1}$ $(n\geqslant 2)$, 求通项 a_n 的表达式.

【错解】因为 $a_n=3^{n-1}+a_{n-1}$ $(n\geqslant 2)$, 所以 $a_n-a_{n-1}=3^{n-1}$ $(n\geqslant 2)$,

即 a_n 成等差数列, 公差 $d=3^{n-1}$. 故 $a_n=1+(n-1)\cdot 3^{n-1}$.

【错析】 $a_n-a_{n-1}=3^{n-1}$ $(n\geqslant 2)$, 3^{n-1} 不是常数, 故不符合等差数列的定义.

【正解】因为 $a_1=1$, 所以 $a_2=3+1=4$, $a_3=3^2+4=13$.

由已知 $a_n-a_{n-1}=3^{n-1}$ $(n\geqslant 2)$,

故 $a_n=(a_n-a_{n-1})+(a_{n-1}-a_{n-2})+\cdots+(a_2-a_1)+a_1$

$\qquad =3^{n-1}+3^{n-2}+\cdots+3+1$

$\qquad =\dfrac{3^n-1}{2}$.

例4 设数列 $\{a_n\}$ 的前 n 项和为 S_n, $S_n=\dfrac{a_1(3^n-1)}{2}$（对于所有 $n\geqslant 1$）, 且 $a_4=54$, 求 a_1.

【错解】因为 $S_n=\dfrac{a_1(1-3^n)}{1-3}$, 所以此数列是等比数列, 首项是 a_1, 公比是 3, 由 $a_4=a_1\cdot 3^{4-1}$, 所以 $a_1=2$.

【错析】此题不知数列 $\{a_n\}$ 的类型, 并不能套用等比数列的公式.

【正解】因为 $a_4=S_4-S_3=\dfrac{a_1}{2}(3^4-1)-\dfrac{a_1}{2}(3^3-1)=54$, 解得 $a_1=2$.

易错点4　利用等比数列求和公式时漏讨论公比是否等于1

例5 等比数列 $\{a_n\}$ 的前 n 项和为 S_n, $S_3+S_6=2S_9$, 求公比 q.

【错解】因为 $S_3+S_6=2S_9$, 所以 $\dfrac{a_1(1-q^3)}{1-q}+\dfrac{a_1(1-q^6)}{1-q}=2\cdot\dfrac{a_1(1-q^9)}{1-q}$.

所以 $2q^6 - q^3 - 1 = 0$，所以 $(2q^3+1)(q^3-1)=0$，所以 $q = \dfrac{-\sqrt[3]{4}}{2}$．

【错析】没有讨论 $q = 1$ 的情况．

【正解】若 $q = 1$，则 $S_3 = 3a_1$，$S_9 = 9a_1$，$S_6 = 6a_1$．

所以 $9a_1 = 2 \times 9a_1$，解得 $a_1 = 0$，矛盾．

所以 $q \neq 1$．

所以 $\dfrac{a_1(1-q^3)}{1-q} + \dfrac{a_1(1-q^6)}{1-q} = 2 \cdot \dfrac{a_1(1-q^9)}{1-q}$．

所以 $q^3(2q^6 - q^3 - 1) = 0$．

因为 $q \neq 0$，所以 $2q^6 - q^3 - 1 = 0$，

所以 $(2q^3+1)(q^3-1) = 0$，

所以 $q = \dfrac{-\sqrt[3]{4}}{2}$．

例 6　求和 $1 + 2x + 3x^2 + \cdots + nx^{n-1}$．

【错解】令 $S_n = 1 + 2x + 3x^2 + \cdots + nx^{n-1}$，

则 $xS_n = x + 2x^2 + 3x^3 + \cdots + (n-1)x^{n-1} + nx^n$．

两式相减得 $(1-x)S_n = 1 + x + x^2 + x^3 + \cdots + x^{n-1} - nx^n$，

所以 $S_n = \dfrac{1-x^n}{(1-x)^2} - \dfrac{nx^n}{1-x}$．

【错析】此解忽略了 $x = 0$，$x = 1$ 两种情况．

【正解】若 $x = 0$ 则 $S_n = 1$；

若 $x = 1$，则 $S_n = \dfrac{n(n+1)}{2}$；

若 $x \neq 0$ 且 $x \neq 1$，令 $S_n = 1 + 2x + 3x^2 + \cdots + nx^{n-1}$，

则 $xS_n = x + 2x^2 + \cdots + (n-1)x^{n-1} + nx^n$

两式相减得 $(1-x)S_n = 1 + x + x^2 + x^3 + \cdots + x^{n-1} - nx^n$

所以 $S_n = \dfrac{1-x^n}{(1-x)^2} - \dfrac{nx^n}{1-x}$．

✎ 易错点5 设元时与题中条件不等价出错

例7 已知一个等比数列 $\{a_n\}$ 前四项之积为 $\dfrac{1}{16}$，第二、三项的和为 $\sqrt{2}$，求这个等比数列的公比.

【错解】 因为四个数成等比数列，可设其分别为 $\dfrac{a}{q^3}, \dfrac{a}{q}, aq, aq^3$，

则有 $\begin{cases} a^4 = \dfrac{1}{16} \\ \dfrac{a}{q} + aq = \sqrt{2} \end{cases}$，解得 $q = \sqrt{2} \pm 1$ 或 $q = -\sqrt{2} \pm 1$，

故原数列的公比为 $q^2 = 3 + 2\sqrt{2}$ 或 $q^2 = 3 - 2\sqrt{2}$.

【错析】 按上述设法，等比数列公比 $q^2 > 0$，各项一定同号，而原题中无此条件.

【正解】 设四个数分别为 a, aq, aq^2, aq^3，

则 $\begin{cases} a^4 q^6 = \dfrac{1}{16} \\ aq + aq^2 = \sqrt{2} \end{cases}$，所以 $(1+q)^4 = 64q^2$.

当 $q > 0$ 时，可得 $q^2 - 6q + 1 = 0$，所以 $q = 3 \pm 2\sqrt{2}$；

当 $q < 0$ 时，可得 $q^2 + 10q + 1 = 0$，所以 $q = -5 - 4\sqrt{6}$.

✎ 易错点6 分式裂项前后不等价

例8 求 $S_n = \dfrac{1}{1} + \dfrac{1}{1+2} + \dfrac{1}{1+2+3} + \cdots + \dfrac{1}{1+2+3+\cdots+n}$.

【错解】 $1 + 2 + 3 + \cdots + n = \dfrac{n(n+1)}{2}$，

所以 $\dfrac{1}{1+2+3+\cdots+n} = \dfrac{2}{n(n+1)} = \dfrac{1}{n} - \dfrac{1}{n+1}$，

$$S_n=\left(\frac{1}{1}-\frac{1}{2}\right)+\left(\frac{1}{2}-\frac{1}{3}\right)+\cdots+\left(\frac{1}{n}-\frac{1}{n+1}\right)=1-\frac{1}{n+1}=\frac{n}{n+1}.$$

【错析】分式裂项变形前后不等价.

【正解】$1+2+3+\cdots+n=\dfrac{n(n+1)}{2}$,

所以 $\dfrac{1}{1+2+3+\cdots+n}=\dfrac{2}{n(n+1)}=2\left(\dfrac{1}{n}-\dfrac{1}{n+1}\right)$,

$$S_n=2\left[\left(\frac{1}{1}-\frac{1}{2}\right)+\left(\frac{1}{2}-\frac{1}{3}\right)+\cdots+\left(\frac{1}{n}-\frac{1}{n+1}\right)\right]=2\left(1-\frac{1}{n+1}\right)=\frac{2n}{n+1}.$$

典型易错题训练

1.已知数列 $\{a_n\}$ 的前 n 项和为 S_n,$S_n=n^2-1$,则 $a_n=$ _____.

2.两个等差数列 $\{a_n\}$ 与 $\{b_n\}$ 的前 n 项和分别为 S_n 和 T_n,且 $S_n:T_n=(5n+13):(4n+5)$,则 $a_{10}:b_{10}=($ $)$.

    A.2:3   B.5:3   C.3:4   D.4:3

3.已知 $\{a_n\}$ 为等差数列,$a_1+a_3+a_5=105$,$a_2+a_4+a_6=99$,以 S_n 表示 $\{a_n\}$ 的前 n 项和,则使得 S_n 达到最大值的 n 是($ $)$.

    A.21   B.20   C.19   D.18

4.设等比数列 $\{a_n\}$ 的公比 $q=\dfrac{1}{2}$,前 n 项和为 S_n,则 $\dfrac{S_4}{a_4}=$ _____.

5.已知数列 $\{a_n\}$ 中,$a_n=-2n+10$,设 $S_n=|a_1|+|a_2|+\cdots+|a_n|$,求 S_n.

6.设数列 $\{a_n\}$ 的前 n 项和 $S_n=2n^2$,$\{b_n\}$ 为等比数列,且 $a_1=b_1$,$b_2(a_2-a_1)=b_1$.

(1)求数列 $\{a_n\}$ 和 $\{b_n\}$ 的通项公式;

(2)设 $c_n=\dfrac{a_n}{b_n}$,求数列 $\{c_n\}$ 的前 n 项和 T_n.

2.6 数列的综合运用

 典型易错点分析

✏️ 易错点1 用有限项不完全归纳出通项但未给予证明

例1 数列 $\{a_n\}$ 的前 n 项和记为 S_n，已知 $a_1=1$，$a_{n+1}=\dfrac{n+2}{n}S_n(n=1,2,3,\cdots)$，

证明：(1)数列 $\left\{\dfrac{S_n}{n}\right\}$ 是等比数列；

(2)$S_{n+1}=4a_n$.

【错解】(1)已知 $a_1=1$，$a_{n+1}=\dfrac{n+2}{n}S_n(n=1,2,3,\cdots)$，所以 $a_2=3S_1=3$，

所以 $S_2=4$，$a_3=\dfrac{4}{2}\cdot S_2=2\times4=8$.

所以 $S_3=12$.

即 $\dfrac{S_1}{1}=1$，$\dfrac{S_2}{2}=2$，$\dfrac{S_3}{3}=4$.

故 $\left\{\dfrac{S_n}{n}\right\}$ 是公比为2的等比数列.

(2)由(1)知 $\dfrac{S_{n+1}}{n+1}=4\cdot\dfrac{S_{n-1}}{n-1}$，于是 $S_{n+1}=4(n+1)\cdot\dfrac{S_{n-1}}{n-1}=4a_n$.

又有 $a_2=3$，$S_2=a_1+a_2=4$，因此对于任意正整数 $n\geq1$，都有 $S_{n+1}=4a_n$.

【错析】(1)以部分代表整体，不完全归纳，没有给予严谨的证明；(2)前一项推下一项时 $n\geq2$.

【正解】(1)因为 $a_{n+1}=S_{n+1}-S_n$，$a_{n+1}=\dfrac{n+2}{n}S_n(n=1,2,3,\cdots)$，

所以 $(n+2)S_n=n(S_{n+1}-S_n)$，整理得 $\dfrac{S_{n+1}}{n+1}=2\dfrac{S_n}{n}$. 故 $\left\{\dfrac{S_n}{n}\right\}$ 是以2为公比的等比

数列.

（2）由（1）知 $\frac{S_{n+1}}{n+1}=4\cdot\frac{S_{n-1}}{n-1}$ $(n\geq2)$.于是 $S_{n+1}=4(n+1)\cdot\frac{S_{n-1}}{n-1}=4a_n$.

又有 $a_2=3$，$S_2=a_1+a_2=4$，因此对于任意正整数 $n\geq1$，都有 $S_{n+1}=4a_n$.

易错点2 忽略数列与函数的区别

例2 已知数列 $\{a_n\}$ 是递增数列且 $a_n=n^2+\lambda n$，求实数 λ 的取值范围.

【错解】因为 $a_n=n^2+\lambda n$ 为 n 的二次函数，对称轴方程为 $n=-\frac{\lambda}{2}$，$[1,+\infty)$ 为函数的增区间，所以 $-\frac{\lambda}{2}\leq1$，即得 $\lambda\geq-2$.

【错析】$-\frac{\lambda}{2}\leq1$，它只是数列为递增数列的充分条件，并非为必要条件，数列与函数有区别，数列是一串离散的点.

【正解】因为数列 $\{a_n\}$ 是递增数列，所以 $a_n<a_{n+1}$ 对所有的正整数都成立，

即 $n^2+\lambda n<(n+1)^2+\lambda(n+1)$ 对所有的正整数恒成立，

化简上式得 $\lambda>-(2n+1)$.

又因为 $n\in\mathbf{N}^*$，$\lambda>-3$.

易错点3 忽略数列中 n 为非零自然数

例3 已知各项都为正数的等比数列 $\{a_n\}$ 满足 $a_7=a_6+2a_5$，若存在两项 a_m，a_n，使得 $\sqrt{a_m a_n}=4a_1$，则 $\frac{1}{m}+\frac{9}{n}$ 的最小值为_____.

【错解】$a_5 q^2=a_5 q+2a_5$，解得 $q=2$.

所以 $\sqrt{a_m a_n}=4a_1=a_3$，所以 $a_m a_n=a_3^2$，所以 $m+n=6$，

所以 $\frac{1}{m}+\frac{9}{n}=\frac{1}{6}\left(\frac{1}{m}+\frac{9}{n}\right)(m+n)=\frac{1}{6}\left(10+\frac{n}{m}+\frac{9m}{n}\right)\geq\frac{1}{6}(10+2\sqrt{9})=\frac{8}{3}$.

【错析】忽略取等时 m，n 不是自然数.

【正解】$a_5 q^2=a_5 q+2a_5$，解得 $q=2$.

所以 $\sqrt{a_m a_n}=4a_1=a_3$，所以 $a_m a_n=a_3^2$，所以 $m+n=6$，

所以 $\dfrac{1}{m}+\dfrac{9}{n}=\dfrac{1}{6}\left(\dfrac{1}{m}+\dfrac{9}{n}\right)(m+n)=\dfrac{1}{6}\left(10+\dfrac{n}{m}+\dfrac{9m}{n}\right)\geqslant\dfrac{1}{6}(10+2\sqrt{9})=\dfrac{8}{3}$.

取等时，$m=\dfrac{3}{2}$，$n=\dfrac{9}{2}$，不是自然数，所以不能取等.

$m+n=6$，所以 $\begin{cases}m=1\\n=5\end{cases}$，$\begin{cases}m=2\\n=4\end{cases}$，$\begin{cases}m=3\\n=3\end{cases}$，$\begin{cases}m=4\\n=2\end{cases}$，$\begin{cases}m=5\\n=1\end{cases}$ 共5种，

经检验，$\begin{cases}m=2\\n=4\end{cases}$ 时，$\dfrac{1}{m}+\dfrac{9}{n}$ 最小，为 $\dfrac{11}{4}$.

🖊 易错点4 忽略了数列的周期性

例4 定义域为 **R** 的函数 $f(x)$ 满足 $f(1)=3$，$f(-x)+f(x)=0$，$f(1-x)=f(1+x)$，数列 $\{a_n\}$ 满足 $a_n=f(n)$，前 n 项和为 S_n，则 $S_{2\,022}=$＿＿＿＿＿＿.

【错解】令 $x=0$，由 $f(-x)+f(x)=0$ 得 $f(0)=0$，

令 $x=1$，由 $f(1-x)=f(1+x)$，得 $f(2)=0$，

令 $x=2$，由 $f(1-x)=f(1+x)$，得 $f(3)=f(-1)$，

再由 $f(-x)+f(x)=0$，得 $f(3)=f(-1)=-f(1)=-3$

综上，$a_1=f(1)=3$，$a_2=f(2)=0$，$a_3=-3$，所以 $\{a_n\}$ 为等差数列，公差 -3，

所以 $S_{2\,022}=-6\,123\,627$.

【错析】忽略了数列的周期性.

【正解】由 $f(1-x)=f(1+x)$ 可得 $f(-x)=f(2+x)$，

又由于 $f(-x)=-f(x)$，则 $f(x+2)=-f(x)$，且 $f(0)=0$，

所以 $f(x+4)=f(x+2+2)=-f(x+2)=f(x)$，所以 $f(x)$ 的周期 $T=4$，

$a_1=f(1)=3$，$a_2=f(2)=f(0)=0$，$a_3=f(3)=f(-1)=-f(1)=-3$，$a_4=f(4)=f(0)=0$.

则 $a_1+a_2+a_3+a_4=0$. 所以 $S_{2\,022}=a_{2\,021}+a_{2\,022}=a_1+a_2=3$.

✎ 易错点5　数列的实际应用有误

例5　用分期付款的方式购买一批总价为 2 300 万元的住房,购买当天首付 300 万元,以后每月的这一天都交 100 万元,并加付此前欠款的利息,设月利率为 1%. 若从首付 300 万元之后的第一个月开始算分期付款的第一个月,问分期付款的第 10 个月应付＿＿＿＿万元.

【错解】每次交付欠款的数额(万元)依次构成数列 $\{a_n\}$,

$a_1 = 100 + 2\ 000 \times 0.01 = 120$,

$a_2 = 100 + 2\ 000 \times 0.01 = 120$,

$a_3 = 100 + 2\ 000 \times 0.01 = 120$,

$a_4 = 100 + 2\ 000 \times 0.01 = 120$,

⋮

$a_n = 120 (1 \leqslant n \leqslant 20, n \in \mathbf{N}^*)$.

因此 $\{a_n\}$ 是常值数列.

故 $a_{10} = 120$.

【错析】数列实际应用有误.

【正解】购买时付款 300 万元,则欠款 2 000 万元,依题意分 20 次付清,则每次交付欠款的数额(万元)依次构成数列 $\{a_n\}$,

故 $a_1 = 100 + 2\ 000 \times 0.01 = 120$,

$a_2 = 100 + (2\ 000 - 100) \times 0.01 = 119$,

$a_3 = 100 + (2\ 000 - 100 \times 2) \times 0.01 = 118$,

$a_4 = 100 + (2\ 000 - 100 \times 3) \times 0.01 = 117$,

⋮

$a_n = 100 + [2\ 000 - 100(n-1)] \times 0.01 = 121 - n (1 \leqslant n \leqslant 20, n \in \mathbf{N}^*)$.

因此 $\{a_n\}$ 是首项为 120,公差为 -1 的等差数列.

故 $a_{10} = 121 - 10 = 111$,即分期付款的第 10 个月应付 111 万元.

✏ 易错点6　误把等比数列求和公式当成充要条件

例 6　在数列 $\{a_n\}$ 中，已知对任意 $n \in \mathbf{N}^*$，$a_1+a_2+a_3+\cdots+a_n=3^n-1$，求 $a_1^2+a_2^2+a_3^2+\cdots+a_n^2$.

【错解】因为 $a_1+a_2+\cdots+a_n=3^n-1$，结合等比数列求和公式可得 $\{a_n\}$ 为等比数列，公比为3，首项 $a_1=2$，则数列 $\{a_n^2\}$ 是首项为4，公比为9的等比数列，

因此，$a_1^2+\cdots+a_n^2=\dfrac{4(1-9^n)}{1-9}=\dfrac{1}{2}(9^n-1)$.

【错析】误将等比数列求和公式当成判断数列等比的充要条件.

【正解】因为 $a_1+a_2+\cdots+a_n=3^n-1$，所以 $a_1+a_2+\cdots+a_{n-1}=3^{n-1}-1(n \geqslant 2)$.

两式相减可得，当 $n \geqslant 2$ 时，$a_n=2 \cdot 3^{n-1}$.

当 $n=1$ 时，$a_1=3-1=2$，符合上式，所以 $a_n=2 \cdot 3^{n-1}(n \in \mathbf{N}^*)$.

则数列 $\{a_n^2\}$ 是首项为4，公比为9的等比数列，$a_1^2+\cdots+a_n^2=4\dfrac{(1-9^n)}{1-9}=\dfrac{1}{2}(9^n-1)$.

✏ 易错点7　倒序相加和首尾配对应用有误

例 7　设 $f(x)=\dfrac{x^2}{1+x^2}$，求 $f\left(\dfrac{1}{2\,020}\right)+f\left(\dfrac{1}{2\,019}\right)+\cdots+f(1)+f(2)+\cdots+f(2\,020)$.

【错解】因为 $f(x)=\dfrac{x^2}{1+x^2}$，所以 $f(x)+f\left(\dfrac{1}{x}\right)=1$.

令 $S=f\left(\dfrac{1}{2\,020}\right)+f\left(\dfrac{1}{2\,019}\right)+\cdots+f(1)+f(2)+\cdots+f(2\,020)$. 首尾配对，得 $S=1 \times 2\,020=2\,020$.

【错析】首尾配对时项数判断错误.

【正解】因为 $f(x)=\dfrac{x^2}{1+x^2}$，所以 $f(x)+f\left(\dfrac{1}{x}\right)=1$.

令 $S=f\left(\dfrac{1}{2\,020}\right)+f\left(\dfrac{1}{2\,019}\right)+\cdots+f(1)+f(2)+\cdots+f(2\,020)$.①

则 $S=f(2\,020)+f(2\,019)+\cdots+f(1)+f\left(\dfrac{1}{2}\right)+\cdots+f\left(\dfrac{1}{2\,020}\right)$.②

①+②,得 $2S=1\times4\,039=4\,039$,

所以 $S=\dfrac{4\,039}{2}$.

 典型易错题训练

1. $\dfrac{3}{2}-\dfrac{5}{6}+\dfrac{7}{12}-\dfrac{9}{20}+\cdots-\dfrac{41}{420}=$ _____.

2. 已知 $\{a_n\}$ 的前 n 项之和 $S_n=n^2-4n+1$,则 $|a_1|+|a_2|+\cdots+|a_n|$ 的值为（   ）.

  A.67   B.65   C.61   D.55

3. 已知 S_n 是等差数列 $\{a_n\}$ 的前 n 项和,若 $a_2+a_4+a_{15}$ 是一个确定的常数,则数列 $\{S_n\}$ 中是常数的项是（   ）.

  A.S_7 B.S_8 C.S_{11} D.S_{13}

4. 已知等比数列 $\{a_n\}$ 满足 $a_n>0$, $n=1,2,\cdots$, 且 $a_5\cdot a_{2n-5}=2^{2n}(n\geqslant3)$, 且当 $n\geqslant1$ 时, $\log_2a_1+\log_2a_3+\cdots+\log_2a_{2n-1}=$（   ）.

  A.$n(2n-1)$ B.$(n+1)^2$ C.n^2 D.$(n-1)^2$

5. 已知数列 $\{a_n\}$ 的通项公式是 $a_n=-n^2+12n-32$,其前 n 项和是 S_n,则对任意的 $n>m$（其中 $m,n\in\mathbf{N}^*$）, S_n-S_m 的最大值是_____.

6. 已知数列 $\{a_n\}$ 满足: $a_1=m$（m 为正整数）, $a_{n+1}=\begin{cases}\dfrac{a_n}{2},\ \text{当}\,a_n\,\text{为偶数时},\\ 3a_n+1,\ \text{当}\,a_n\,\text{为奇数时}\end{cases}$. 若 $a_6=1$,则 m 所有可能的取值为_____.

7. 已知 $f(x)=\begin{cases}a^{x-5},\ x\geqslant6\\ \left(4-\dfrac{a}{2}\right)x+4,\ x<6\end{cases}$, 数列 $\{a_n\}$ 满足 $f(n)$, 且 $\{a_n\}$ 单调递增,则 a 的取值范围为_____.

2.7 一元函数的导数及其应用

 典型易错点分析

✎ 易错点1 忽视导函数与原函数的关系

例 1 已知函数 $f(x)$ 的导函数 $f'(x)$ 的图像如图所示,则函数 $f(x)$ 的极小值点共有(   ).

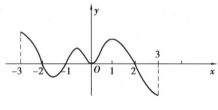

A.1个   B.2个   C.3个   D.4个

【错解】极小值点有 2 个,选 B.

【错析】将函数 $f(x)$ 和导函数 $f'(x)$ 的图像混淆,进而将 $f(x)$ 和 $f'(x)$ 的单调性混为一谈,引起错解.事实上,可导原函数与导函数两者图像之间有如下关系:①导函数的零点即为原函数的极值点;②原函数看增减,导函数看正负.

【正解】$f(x)$ 的单调递增区间为 $(-3,-2)$ 与 $(-1,2)$,单调递减区间为 $(-2,-1)$ 与 $(2,3)$,所以函数 $f(x)$ 的极小值点为 $x=-1$,故选 A.

✎ 易错点2 混淆"过某点的切线"与"在某点处的切线"

例 2 求曲线 $f(x)=x^3-3x^2+2x$ 过原点的切线方程.

【错解】因为 $f(0)=0$,所以原点在曲线 $f(x)$ 上.易知 $f'(x)=3x^2-6x+2$,则所求切线的斜率 $k=f'(0)=2$,故所求切线方程为 $y=2x$.

【错析】曲线"在某点处的切线"是指过该点且以该点为切点的切线,从而该点必须是曲线上的点;"过某点的切线"则不一定以此点为切点,该点也不一定在曲线上,因此所求切线可能不止一条.

【正解】$f'(x)=3x^2-6x+2$,设切线的斜率为k.

当切点为原点时,$k=f'(0)=2$,则所求切线方程为$y=2x$.

当切点不为原点时,设切点为$(x_0,y_0)(x_0\neq0)$,则有$k=\dfrac{y_0-0}{x_0-0}=x_0^2-3x_0+2$.

又由于$k=f'(x_0)=3x_0^2-6x_0+2$,则$x_0^2-3x_0+2=3x_0^2-6x_0+2$,解得$x_0=\dfrac{3}{2}$,此时该切线的方程为$y=-\dfrac{1}{4}x$.

综上所述,所求切线的方程为$y=2x$与$y=-\dfrac{1}{4}x$.

易错点3 对复合函数的求导法则理解不到位

例3 求函数$y=\ln\tan 2x$的导数$y'=$_____.

【错解1】$y'=(\ln\tan 2x)'=\dfrac{1}{\tan 2x}$.

【错解2】$y'=(\ln\tan 2x)'(\tan 2x)'=\dfrac{1}{\tan 2x}\cdot\dfrac{1}{\cos^2 2x}=\dfrac{2}{\sin 4x}$.

【错析】错解1只套用了基本初等函数$y=\ln x$的求导结果.

错解2生搬硬套了复合函数的求导法则,忽略了$\tan 2x$也是复合函数.

【正解】令$y=\ln u,u=\tan v,v=2x$,则$y'_x=y'_u\cdot u'_v\cdot v'_x=(\ln u)'(\tan v)'(2x)'=\dfrac{1}{u}\cdot\dfrac{1}{\cos^2 v}\cdot$

$2=\dfrac{1}{\tan v}\cdot\dfrac{1}{\cos^2 v}\cdot 2=\dfrac{4}{\sin 4x}$.

易错点4 对"连续"与"可导"的关系理解不到位

例4 函数$y=f(x)$在$x=x_0$处可导是函数$y=f(x)$在$x=x_0$处连续的(   ).

A.充分不必要条件   B.必要不充分条件

C.充要条件   D.既不充分也不必要条件

【错解1】认为连续与可导是同一个概念而选C.

【错解2】对可导与连续互为前提时的充分、必要关系理解不到位而错选B.

【错析】可导一定连续,连续不一定可导.

【正解】函数$y=f(x)$在$x=x_0$处可导是函数$y=f(x)$在$x=x_0$处连续的充分不必要条件,故选A.

易错点5 误认为极值点一定是在导数为0处

例5 求函数$f(x)=\sqrt[3]{(x^2-2x)^2}$在$[-1,3]$的极值.

【错解】$f'(x)=\dfrac{4}{3}\cdot\dfrac{x-1}{\sqrt[3]{x^2-2x}}$,令$f'(x)=0$,解得$x=1$.又由于$f'(x)$在$x=1$附近两侧的符号相反,左正右负,所以函数$f(x)$的极大值为$f(1)=-1$,没有极小值.

【错析】上述错解忽略了对函数的不可导点的考察.从函数值的变化角度看,对于任意函数来说,极值可能在定义域内导数为0处取得,也可能在不可导处取得.

【正解】易知$f'(x)=\dfrac{4}{3}\cdot\dfrac{x-1}{\sqrt[3]{x^2-2x}}$,令$f'(x)=0$,解得$x=1$.又由于$f'(x)$在$x=1$附近两侧的符号相反,左正右负,所以函数$f(x)$的极大值为$f(1)=-1$.在定义域内的不可导的点为$x_1=0$,$x_2=2$,经计算,$f'(x)$在$x=0$附近两侧的符号相反,且左负右正;$f'(x)$在$x=2$附近两侧的符号相反,且左负右正,所以$x=0$和$x=2$是函数的两个极小值点,函数$f(x)$的极小值为$f(0)=f(2)=0$.

易错点6 对函数单调性的充要条件理解错误

例6 已知函数$f(x)=\dfrac{ax+1}{x+2}$在区间$(-2,+\infty)$上单调递增,求实数a的取值范围.

【错解】$f'(x)=\dfrac{2a-1}{(x+2)^2}$,由题意知,$f'(x)>0$对任意$x\in(-2,+\infty)$恒成立,则

$2a-1>0$,即$a>\dfrac{1}{2}$,故实数a的取值范围为$\left(\dfrac{1}{2},+\infty\right)$.

【错析】$f'(x)>0(f'(x)<0)$对任意$x\in D$恒成立只是函数$y=f(x)$在区间D上单调递增(单调递减)的充分不必要条件,不能当做充要条件.

【正解】$f'(x)=\dfrac{2a-1}{(x+2)^2}$,由题意知,$f'(x)\geqslant 0$对任意$x\in(-2,+\infty)$恒成立,则$2a-1\geqslant 0$,即$a\geqslant\dfrac{1}{2}$.

当$a=\dfrac{1}{2}$时,$f(x)=\dfrac{\frac{1}{2}x+1}{x+2}=\dfrac{1}{2}\left(x\neq\dfrac{1}{2}\right)$是常数函数,不合题意,应舍去.

故实数a的取值范围为$\left(\dfrac{1}{2},+\infty\right)$.

 典型易错题训练

1.若$x=-2$是函数$f(x)=(x^2+ax-1)e^{x-1}$的极值点,则$f(x)=(x^2+ax-1)e^{x-1}$的极小值为(　　).

  A.-1 B.$-2e^{-3}$ C.$5e^{-3}$ D.1

2.若函数$f(x)=kx-\ln x$在区间$(1,+\infty)$单调递增,则k的取值范围是_____
_____.

3.设函数$f'(x)$是奇函数$f(x)(x\in\mathbf{R})$的导函数,$f(-1)=0$,当$x>0$时,$xf'(x)-f(x)<0$,则使得$f(x)>0$成立的x的取值范围是(　　).

  A.$(-\infty,-1)\cup(0,1)$ B.$(-1,0)\cup(1,+\infty)$

  C.$(-\infty,-1)\cup(-1,0)$ D.$(0,1)\cup(1,+\infty)$

4.已知函数$f(x)=x^2-2x+a(e^{x-1}+e^{-x+1})$有唯一零点,则$a$的值为(　　).

  A.$-\dfrac{1}{2}$ B.$\dfrac{1}{3}$ C.$\dfrac{1}{2}$ D.1

5.设函数$f(x)=e^x(2x-1)-ax+a$,其中$a<1$,若存在唯一的整数x_0,使得$f(x_0)<0$,则a的取值范围是(　　).

A. $\left[-\dfrac{3}{2e}, 1\right)$　　　B. $\left[-\dfrac{3}{2e}, \dfrac{3}{4}\right)$　　　C. $\left[\dfrac{3}{2e}, \dfrac{3}{4}\right)$　　　D. $\left[\dfrac{3}{2e}, 1\right)$

6.已知函数 $f(x)=\ln x-\dfrac{x+1}{x-1}$,讨论 $f(x)$ 的单调性,并证明 $f(x)$ 有且仅有两个零点.

7.已知函数 $f(x)=(x-2)e^x+a(x-1)^2$ 有两个零点,求 a 的取值范围.

8.已知函数 $f(x)=\sin x-\ln(1+x)$,$f'(x)$ 为 $f(x)$ 的导数.证明:

(1) $f'(x)$ 在区间 $\left(-1, \dfrac{\pi}{2}\right)$ 存在唯一极大值点;

(2) $f(x)$ 有且仅有两个零点.

主题 3

几何与代数

3.1 平面向量及其应用

典型易错点分析

易错点 1 向量的概念模糊,忽略零向量与任意向量平行

例1 下列关于平面向量的命题中,正确命题的个数是( ).

①平行且模相等的两个向量是相等向量.

②两个向量相等,则它们的起点与终点相同.

③若 $\vec{a}//\vec{b}$,$\vec{b}//\vec{c}$,则 $\vec{a}//\vec{c}$.

④若 $\vec{a}$ 和 $\vec{b}$ 都是单位向量,则 $\vec{a}=\vec{b}$.

⑤若 $\vec{a}$,$\vec{b}$ 为相反向量,则 $\vec{a}+\vec{b}=\vec{0}$.

⑥零向量是没有方向的向量.

A.4   B.3   C.2   D.1

【错解】A.

【错析】对平面向量的概念理解不清.

【正解】①平行且模相等的两个向量可能方向相反,不相等.

②向量相等只需要大小和方向相同,不需要两个向量起点重合.

③$\vec{b}$ 可能为零向量,零向量与任意向量平行.

④两个单位向量模为1,方向不一定相同.

⑤零向量的方向是任意的.

正确答案为D.

易错点2 对两两夹角相等理解不准确

例2 若平面向量 $\vec{a},\vec{b},\vec{c}$ 两两夹角相等,且 $|\vec{a}|=|\vec{b}|=1,|\vec{c}|=3$,则 $|\vec{a}+\vec{b}+\vec{c}|=$ ( ).

  A.2   B.5   C.2或5   D.$\sqrt{2}$ 或 $\sqrt{5}$

【错解】B.

【错析】3个向量两两夹角相等,可能3个向量两两夹角为0°,也可能3个向量两两夹角为120°,易漏解.

【正解】$|\vec{a}+\vec{b}+\vec{c}|^2=(\vec{a}+\vec{b}+\vec{c})^2=\vec{a}^2+\vec{b}^2+\vec{c}^2+2\vec{a}\cdot\vec{b}+2\vec{a}\cdot\vec{c}+2\vec{b}\cdot\vec{c}$,代入夹角为0°或120°运算,答案为C.

易错点3 混淆向量平行与垂直的坐标公式

例3 设平面向量 $\vec{a}=\left(-\dfrac{1}{2},\dfrac{\sqrt{3}}{2}\right),\vec{b}=\left(\dfrac{\sqrt{3}}{2},-\dfrac{1}{2}\right)$,则下列结论中正确的是 ( ).

  A.$(\vec{a}+\vec{b})\,/\!/\,\vec{a}$ B.$(\vec{a}+\vec{b})\perp\vec{b}$

  C.$(\vec{a}+\vec{b})\,/\!/\,(\vec{a}-\vec{b})$ D.$(\vec{a}+\vec{b})\perp(\vec{a}-\vec{b})$

【错解】A.

【错析】混淆 $\vec{a}\,/\!/\,\vec{b}\Leftrightarrow x_1y_2=x_2y_1$ 与 $\vec{a}\perp\vec{b}\Leftrightarrow x_1x_2+y_1y_2=0$ 公式的应用.

【正解】正确答案为D.

✏️ **易错点4 对平面向量基本定理理解不充分**

例4 如图所示,已知$\overrightarrow{AB}=\vec{a}$,$\overrightarrow{AC}=\vec{b}$,$\overrightarrow{DC}=3\overrightarrow{BD}$,$\overrightarrow{AE}=2\overrightarrow{EC}$,则$\overrightarrow{DE}($).

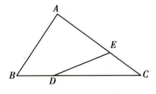

A.$\dfrac{5}{12}\vec{b}-\dfrac{3}{4}\vec{a}$ B.$\dfrac{5}{12}\vec{a}-\dfrac{3}{4}\vec{b}$ C.$\dfrac{3}{4}\vec{a}-\dfrac{1}{3}\vec{b}$ D.$\dfrac{3}{4}\vec{b}-\dfrac{1}{3}\vec{a}$

【错解】B、C、D.

【错析】对平面向量基本定理理解不充分,没有选择合适的基底.

【正解】在△DEC中,$\overrightarrow{DE}=\overrightarrow{DC}+\overrightarrow{CE}=\dfrac{3}{4}(\overrightarrow{AC}-\overrightarrow{AB})-\dfrac{1}{3}\overrightarrow{AC}=\dfrac{5}{12}\vec{b}-\dfrac{3}{4}\vec{a}$,正确答案为A.

✏️ **易错点5 确定向量夹角时忽略了向量的方向**

例5 在边长为1的等边△ABC中,设$\overrightarrow{AB}=\vec{a}$,$\overrightarrow{BC}=\vec{b}$,$\overrightarrow{CA}=\vec{c}$,则$\vec{a}\cdot\vec{b}+\vec{b}\cdot\vec{c}+\vec{c}\cdot\vec{a}$的值为( ).

A.$-\dfrac{3}{2}$ B.$\dfrac{3}{2}$ C.3   D.-3

【错解】B.

【错析】判断两向量的夹角时,没有把两向量平移到共起点,误认为向量$\vec{a}$与向量$\vec{b}$的夹角为60°.

【正解】平移向量至起点相同再找夹角,如$\vec{a}\cdot\vec{b}=|\vec{a}|\cdot|\vec{b}|\cdot\cos 120°=-\dfrac{1}{2}$,答案为A.

✎ **易错点6　对向量数量积的概念辨析不清,忽略向量夹角的范围**

例6　下列说法正确的是(　　).

A.$|\vec{a}\cdot\vec{b}|\leqslant|\vec{a}||\vec{b}|$

B.$(\vec{a}\cdot\vec{b})\vec{c}=(\vec{b}\cdot\vec{c})\vec{a}$

C.向量$\vec{a},\vec{b},\vec{c}$是三个非零向量,若$\vec{a}\cdot\vec{c}=\vec{b}\cdot\vec{c}$,则$\vec{a}=\vec{b}$

D.由$\vec{a}\cdot\vec{b}<0$,向量$\vec{a}$与$\vec{b}$的夹角为钝角

【错解】B、C、D.

【错析】混淆模相等和向量相等,忽略向量夹角的范围.

【正解】选项B,$(\vec{a}\cdot\vec{b})\vec{c}$与$\vec{c}$共线,$(\vec{b}\cdot\vec{c})\vec{a}$与$\vec{a}$共线,而向量$\vec{a},\vec{b},\vec{c}$是三个任意向量,所以$(\vec{a}\cdot\vec{b})\vec{c}=(\vec{b}\cdot\vec{c})\vec{a}$不一定成立,故B错误.

选项C,由$\vec{a}\cdot\vec{c}=\vec{b}\cdot\vec{c}$可得$(\vec{a}-\vec{b})\cdot\vec{c}=0$,即$(\vec{a}-\vec{b})\perp\vec{c}$,但不能推出$\vec{a}=\vec{b}$.

选项D,由$\vec{a}\cdot\vec{b}<0$,向量$\vec{a}$与$\vec{b}$的夹角为钝角或$180°$角,故D错误.

正确答案为A.

例7　已知向量$\vec{a}=\left(x,x+\dfrac{2}{3}\right)$与$\vec{b}=(2x,-3)$的夹角为钝角,则实数$x$的取值范围为_____.

【错解】因为向量$\vec{a}=\left(x,x+\dfrac{2}{3}\right)$与$\vec{b}=(2x,-3)$的夹角为钝角,所以$\vec{a}\cdot\vec{b}<0$,

即$2x^2+\left(x+\dfrac{2}{3}\right)\times(-3)<0$,解得$-\dfrac{1}{2}<x<2$.

【错析】概念模糊,错误地认为$\langle\vec{a},\vec{b}\rangle$为钝角$\Leftrightarrow\vec{a}\cdot\vec{b}<0$.

【正解】因为向量$\vec{a}=\left(x,x+\dfrac{2}{3}\right)$与$\vec{b}=(2x,-3)$的夹角为钝角,所以$\vec{a}\cdot\vec{b}<0$且$\vec{a}$与$\vec{b}$不共线,

即$\begin{cases}2x^2+\left(x+\dfrac{2}{3}\right)\times(-3)<0\\(-3)x-2x\left(x+\dfrac{2}{3}\right)\neq0\end{cases}$,解得$-\dfrac{1}{2}<x<2$且$x\neq0$,

所以实数 x 的取值范围为 $-\dfrac{1}{2}<x<2$ 且 $x\neq0$.

易错点7 混淆向量的投影和向量的投影向量的概念

例8 已知向量 $\vec{a}=(2,n)$，$\vec{b}=(m,4)$，若 $\vec{a}+\vec{b}=(5,3)$，则向量 $\vec{a}$ 在向量 $\vec{b}$ 上的投影向量为（ ）.

A.$\dfrac{2}{5}$ B.$\dfrac{2\sqrt{5}}{5}$ C.$\left(\dfrac{6}{25},\dfrac{8}{25}\right)$ D.$\left(\dfrac{4}{5},\dfrac{2}{5}\right)$

【错解】 A.

【错析】 混淆投影和投影向量的概念.

【正解】 因为 $\vec{a}=(2,n)$，$\vec{b}=(m,4)$，所以 $\vec{a}+\vec{b}=(2,n)+(m,4)=(2+m,n+4)=(5,3)$，

所以 $\begin{cases}2+m=5\\n+4=3\end{cases}$，解得 $\begin{cases}m=3\\n=-1\end{cases}$，所以 $\vec{a}=(2,-1)$，$\vec{b}=(3,4)$.

向量 $\vec{a}$ 在向量 $\vec{b}$ 上的投影向量为 $\dfrac{\vec{a}\cdot\vec{b}}{|\vec{b}|}\cdot\dfrac{\vec{b}}{|\vec{b}|}=\dfrac{2}{5}\times\dfrac{1}{5}(3,4)=\left(\dfrac{6}{25},\dfrac{8}{25}\right)$.

正确答案为 C.

典型易错题训练

1.下列说法中正确的个数是（ ）.

①$\lambda\vec{a}$ 与 $\vec{a}$ 的方向不是相同就是相反.

②当且仅当 $\vec{a}$ 与 $\vec{b}$ 共线时，$\vec{a}$ 与 $\vec{a}+\vec{b}$ 共线.

③若 $|\vec{b}|=2|\vec{a}|$，$\vec{b}=\pm2\vec{a}$.

④若 $\vec{b}=\pm2\vec{a}$，则 $|\vec{b}|=2|\vec{a}|$.

A.1 B.2 C.3 D.4

2.(多选)下列命题正确的是（ ）.

A.若向量 $\vec{a},\vec{b}$ 满足 $\vec{a}=-3\vec{b}$ ，则 $\vec{a},\vec{b}$ 为平行向量

B.已知平面内的一组基底 $\vec{e_1},\vec{e_2}$ ，则向量 $\vec{e_1}+\vec{e_2},\vec{e_1}-\vec{e_2}$ 也能作为一组基底

C.模等于1个单位长度的向量是单位向量，所有单位向量均相等

D.若 $\triangle ABC$ 是等边三角形，则 $\langle\overrightarrow{AB},\overrightarrow{BC}\rangle=\dfrac{\pi}{3}$

3.在 $\triangle ABC$ 中， $AB=2,BC=3,\overrightarrow{AB}\cdot\overrightarrow{BC}=1$ ，则 $\cos B=$ _____．

4.已知 $\vec{e_1},\vec{e_2}$ 为平面内所有向量的一组基底， $\lambda\in\mathbf{R},\vec{a}=\vec{e_1}+\lambda\vec{e_2},\vec{b}=2\vec{e_1}$ ，则 $\vec{a}$ 与 $\vec{b}$ 共线的条件为（　　）．

A. $\lambda=0$ 　　　　　　　　　　　　B. $\vec{e_2}=\vec{0}$

C. $\vec{e_1}/\!/\vec{e_2}$ 　　　　　　　　　　　　D. $\vec{e_1}/\!/\vec{e_2}$ 或 $\lambda=0$

5.已知 $\vec{a},\vec{b}$ 是互相垂直的两个单位向量，若向量 $\vec{a}+\vec{b}$ 与向量 $\lambda\vec{a}-\vec{b}$ 的夹角是钝角，请写出一个符合题意的 λ 值为_____．

6.（多选）已知点 $A(1,0),B(0,2),C(-1,-2)$ ，则以 A,B,C 为顶点的平行四边形的第四个顶点 D 的坐标为（　　）．

A.$(0,-4)$ 　　　　B.$(2,4)$ 　　　　C.$(-2,0)$ 　　　　D.$(2,1)$

7.如图所示，在菱形 $ABCD$ 中， $\overrightarrow{BE}=\dfrac{1}{2}\overrightarrow{BC},\overrightarrow{CF}=2\overrightarrow{FD}$ ，若菱形的边长为6，则 $\overrightarrow{AE}\cdot\overrightarrow{EF}$ 的取值范围为_____．

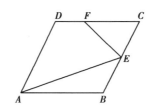

8.已知 P 是等边三角形 ABC 所在平面内一点，且 $AB=2\sqrt{3},BP=1$ ，则 $\overrightarrow{AP}\cdot\overrightarrow{CP}$ 的最大值是_____．

3.2　复　数

典型易错点分析

✐ **易错点1** 复数概念和性质辨析不清

例1 以下命题正确的是(　　).

A.复数 $3+2i$ 的虚部为 $2i$

B.若 $a>b$,则 $a+i>b+i$

C.两个共轭复数的差是纯虚数

D.若 $a+bi=c+di(a,b,c,d\in\mathbf{R})$,则 $a=c$ 且 $b=d$

【错解】选A或选B或选C.

【错析】选A,没有理解实部与虚部的概念;选B,只有实数才能比较大小,虚数不能比较大小;选C,漏掉零.

【正解】选D.

例2 以下命题正确的个数为(　　).

①若 $z\in C$,则 $z^2\geq 0$.

②若 $|z|=1$,则 $z=\pm 1$.

③若 $z_1-z_2>0$,则 $z_1>z_2$.

A.0　　　　　　　　B.1　　　　　　　　C.2　　　　　　　　D.3

【错解】①②③都对,选D.

【错析】复数集是实数集的扩充,性质不完全同于实数,易误将实数的性质用在复数中.

【正解】①中若 $z=i$,则不成立.②中若 $z=\dfrac{1}{2}+\dfrac{\sqrt{3}}{2}i$,则不成立.③中若 $z_1=5+2i$,$z_2=3+2i$,$z_1-z_2>0$,但虚数不能比较大小.选A.

✎ **易错点2** 复数在复平面内对应的位置关系错乱

例3 设 $z=-3+2\mathrm{i}$，则在复平面内 $\bar{z}$ 对应的点位于(　　).

A.第一象限　　　　　　　　　　　　B.第二象限

C.第三象限　　　　　　　　　　　　D.第四象限

【错解】选B.

【错析】忽略复数的共轭复数虚部要变号，对应象限相应改变.

【正解】$\bar{z}=-3-2\mathrm{i}$，故选C.

✎ **易错点3** 判断虚数和纯虚数不严谨

例4 实数 a 分别取什么值时，复数 $z=\dfrac{a^2-a-6}{a+4}+(a+2)\mathrm{i}$ 是(1)虚数；(2)纯虚数.

【错解】(1) $x+y\mathrm{i}(x,y\in\mathbf{R})$ 中，当 $y\neq 0$ 时就是虚数，故 $a\neq -2$.

(2)当实部为零、虚部不为零时就是纯虚数.故 $a=-2$ 或 $a=3$.

【错析】忽略分母不为零的情况，(2)当 $x=0$ 且 $y\neq 0$ 时就是纯虚数，忽略"且".

【正解】(1) $x+y\mathrm{i}(x,y\in\mathbf{R})$ 中，当 $y\neq 0$ 时就是虚数，$a\neq -2$ 又分母不为零，故 $a\neq -2$ 且 $a\neq -4$.

(2)当 $x=0$ 且 $y\neq 0$ 时就是纯虚数，故 $a=3$.

✎ **易错点4** 对复数模的理解有误

例5 以下命题正确的有(　　)个.

① $z^2=|z|^2$　　　② $z\bar{z}=|z|^2$　　　③ $|z_1z_2|=|z_1||z_2|$　　　④ $\left|\dfrac{z_1}{z_2}\right|=\dfrac{|z_1|}{|z_2|}$

A.1　　　　　　　　B.2　　　　　　　　C.3　　　　　　　　D.4

【错解】选 D.

【错析】复数集是数系扩充之后的集合,复数仍然是数,而向量是既有大小又有方向的矢量,两者是有区别的,易混淆复数与向量模的平方的公式.

【正解】选 C.用复数的三角表示易证选项 C、D.

设 $z_1 = r_1(\cos\theta_1 + i\sin\theta_1)$,

$z_2 = r_2(\cos\theta_2 + i\sin\theta_2)$,$z_1 z_2 = r_1 r_2(\cos(\theta_1+\theta_2) + i\sin(\theta_1+\theta_2))$,

$\dfrac{z_1}{z_2} = \dfrac{r_1}{r_2}(\cos(\theta_1-\theta_2) + \sin(\theta_1-\theta_2))$.

易错点5 复数分母实数化时计算有误

例6 设 $z = \dfrac{3-i}{1+2i}$,则 $|z| = ($ $)$.

A.2   B.$\sqrt{3}$ C.$\sqrt{2}$ D.1

【错解】$z = \dfrac{3-i}{1+2i} = \dfrac{(3-i)(1-2i)}{(1+2i)(1-2i)} = \dfrac{3-7i+2i^2}{1-4i^2} = -\dfrac{1}{3} + \dfrac{7}{3}i$,则 $|z| = \dfrac{5\sqrt{2}}{3}$.

【错析】复数化简有误,分母 $1-4i^2$ 应为 5.此题可利用复数模的性质,简化计算从而降低出错的概率.

【正解】复数模的性质有① $z\bar{z} = |z|^2$,② $|z_1 z_2| = |z_1||z_2|$,③ $\left|\dfrac{z_1}{z_2}\right| = \dfrac{|z_1|}{|z_2|}$.

由题可得 $|z| = \dfrac{|3-i|}{|1+2i|} = \dfrac{\sqrt{10}}{\sqrt{5}} = \sqrt{2}$,选 C.

易错点6 应用复数相等的条件时出错

例7 已知 x 是实数,y 是纯虚数,且满足 $(2x+1)+i = y+(y-1)i$,求 x 与 y 的值.

【错解】根据复数相等的充要条件,可得 $\begin{cases} 2x+1 = y \\ 1 = y-1 \end{cases}$,解得 $\begin{cases} x = \dfrac{1}{2} \\ y = 2 \end{cases}$.

【错析】误把等式两边看成复数标准的代数形式加以求解.

【正解】依题意设 $y=bi(b\in\mathbf{R},b\neq0)$，代入关系式 $(2x+1)+i=y+(y-1)i$，整理得 $(2x+1)+i=-b+(b-1)i$。根据复数相等的充要条件，可得 $\begin{cases}2x+1=-b\\1=b-1\end{cases}$，解得 $\begin{cases}x=-\dfrac{3}{2},\\b=2\end{cases}$

则有 $\begin{cases}x=-\dfrac{3}{2}.\\y=2i\end{cases}$

 典型易错题训练

1.以下有四个命题：(1)两个共轭复数的差是纯虚数；(2)若 $z\in C$，则 $z^2\geq0$；(3)若 $z_1,z_2\in C$，且 $z_1-z_2>0$，则 $z_1>z_2$；(4) $(z_1-z_2)^2+(z_2-z_3)^2=0$，则 $z_1=z_2=z_3$。其中正确的有_____个。

2. $z=(m+3)+(m-1)i$ 在复平面内对应的点在第四象限，则实数 m 的取值范围为(   )。

  A.$(-3,1)$ B.$(-1,3)$ C.$(-1,2)$ D.$(-\infty,-3)$

3.设 $x(1+i)=1+yi$，其中 x,y 实数，则 $|x+yi|=$(   )。

  A.1   B.$\sqrt{2}$ C.$\sqrt{3}$ D.2

4.在复数范围内解不等式 $|z^2-4z+3|<|z-1|$。

5.已知关于 x 的方程 $x^2+(k+2i)x+2+ki=0$ 有实数根，求实数 k 应满足的条件。

6.实数 m 取何值时，复数 $\lg(m^2-2m-2)+(m^2+3m+2)i$ 满足

(1)是纯虚数；(2)在复平面上的对应点位于第四象限。

3.3　立体几何初步

 典型易错点分析

✏ **易错点1** 对棱柱、棱锥、棱台概念理解不清

例1　（多选）以下关于棱柱的说法不正确的是(　　).

A.有两个面平行,其余各面都是平行四边形的几何体一定是棱柱

B.棱柱中两个互相平行的平面一定是棱柱的底面

C.棱柱中各条侧棱互相平行

D.棱柱的侧面是平行四边形,但它的底面一定不是平行四边形

【错解】AB.

【错析】棱柱概念辨析不清.判断棱柱要严格按定义:棱柱的各侧棱互相平行,各侧面是平行四边形,两个底面是全等的多边形围成的多面体.

【正解】ABD.

选项A:不一定.如图所示,是由两个相同形状的三棱柱叠放在一起形成的几何体,这个几何体就不是棱柱.

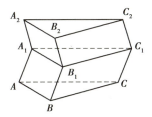

选项B:不一定,虽然在棱柱中底面一定平行,但是两个互相平行的平面也可能是棱柱的侧面.

选项D:如平行六面体的侧面是平行四边形,但它的底面也是平行四边形.

例2　（多选）以下关于棱锥的说法不正确的是(　　).

A.有一个面是多边形,其余各面都是三角形的几何体一定是棱锥

B.各个面都是三角形的几何体是三棱锥

C.由四个面围成的封闭图形只能是三棱锥

D.棱锥侧棱平行

【错解】BC.

【错析】对棱锥概念辨析不清,判断一个几何体是否是棱锥,关键是紧扣棱锥的三个本质特征:①有一个面是多边形;②其余各面是三角形;③这些三角形有一个公共顶点.这三个特征缺一不可.

【正解】ABD.

选项 A:不一定,如将图 1 所示的正方体截去两个三棱锥 $A\text{-}A_1B_1D_1$ 和 $C_1\text{-}B_1CD_1$,得到如图 2 所示的几何体,该几何体不是棱锥.错误原因是忽视了棱锥的侧面是一个有公共顶点的三角形.

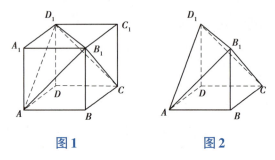

图1　　　　　**图2**

选项 B:错误,如图所示的几何体各面均为三角形,但不是三棱锥.

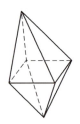

选项 D:棱锥的侧棱交于一点,不平行.

例3　有下列 4 种叙述:

①用一个平面去截棱锥,棱锥底面和截面之间的部分是棱台;

②两个面平行且相似,其余各面都是梯形的多面体是棱台;

③有两个面互相平行,其余四个面都是等腰梯形的六面体是棱台;

④棱台的侧棱延长后必交于一点.

其中正确的有(　　).

A.0个   B.1个   C.2个   D.3个

【错解】C.

【错析】对棱台概念辨析不清,判断一个几何体是否是棱台,关键注意以下两点:①棱台的上、下底面互相平行,而且相似;②棱台的侧棱是原棱锥侧棱的一部分,所以棱台的各侧棱的延长线相交于一点,这是判断棱台的一个重要标准.

【正解】B.

①中的平面不一定平行于底面,故①错;由棱台的定义知,④正确;②③可用反例去检验,如图所示,侧棱延长线不能相交于一点,故②③错误.

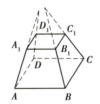

易错点2 旋转体结构特征辨别有误

例4 (多选)下列说法正确的是( ).

A.以直角梯形的一腰所在直线为轴旋转一周所得的旋转体是圆台

B.以等腰三角形的底边上的高线所在的直线为旋转轴,其余各边旋转一周形成的曲面所围成的几何体是圆锥

C.一直角梯形绕下底所在直线旋转一周,所形成的曲面围成的几何体是圆台

D.圆锥、圆台中过轴的截面是轴截面,圆锥的轴截面是等腰三角形,圆台的轴截面是等腰梯形

【错解】AC.

【错析】不能判断由平面图形绕轴旋转后得到的旋转体是什么图形.判断简单旋转体结构特征的方法:①明确是由哪个平面图形旋转而成;②明确旋转轴是哪条直线.

【正解】BD.

选项A：以直角梯形垂直于底边的一腰所在直线为轴旋转一周可得到圆台；

选项C：错误.直角梯形绕下底所在直线旋转一周所形成的几何体是由一个圆柱与一个圆锥组成的简单组合体,如图所示.

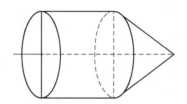

易错点3　几何体的截面判断有误

例5　(多选)下列判断正确的是(　　　).

A.平行于圆锥某一母线的截面是等腰三角形

B.平行于圆台某一母线的截面是等腰梯形

C.过圆锥顶点的截面是等腰三角形

D.过圆台上、下底面中心的截面是等腰梯形

【错解】AB.

【错析】不能判断简单旋转体截面是什么图形.

【正解】CD.

例6　用一个平面去截正方体,则截面的形状可以是：①直角三角形；②正五边形；③正六边形；④梯形.正确结论的序号为(　　　).

A.①②③　　　　　B.②③　　　　　C.③④　　　　　D.②③④

【错解】A.

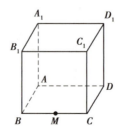

【错析】如认为△DCM为直角三角形,所以①正确,这是不清楚截面的概念导致的错误.

【正解】C.

截面需要与立体图形的表面相交,画出截面图形如图所示.

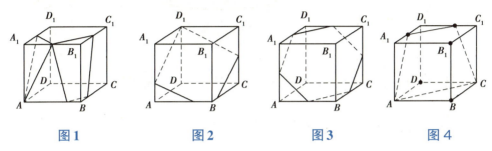

图1　　　　　图2　　　　　图3　　　　　图4

可以截得三角形但不是直角三角形,故①错误;经过正方体的一个顶点去截就可得到五边形,但不可能是正五边形,故②错误;正方体有六个面,用平面去截正方体时最多与六个面相交,可得到六边形,且可以得到正六边形,故③正确;可以截得梯形,故④正确.

🖉 易错点4　考虑不全面致错

例7　如图所示,半径为R的半圆内的阴影部分以直径AB所在直线为轴,旋转一周得到一几何体,求该几何体的表面积(其中$\angle BAC=30°$).

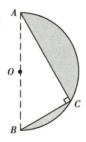

【错解】该旋转体为球的内部挖空两个圆锥而成的几何体.其表面积为球的表面积,所以$S=4\pi R^2$.

【错析】考虑不全面导致错误.

【正解】如图所示,过点C作$CO_1\perp AB$于点O_1.

因为$\angle BCA=90°$,$\angle BAC=30°$,$AB=2R$,

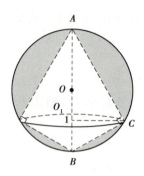

所以 $AC=\sqrt{3}\,R,BC=R,CO_1=\dfrac{\sqrt{3}}{2}R$,所以 $S_{球}=4\pi R^2$,

圆锥 AO_1 侧面积 $S_1=\pi\cdot\dfrac{\sqrt{3}}{2}R\cdot\sqrt{3}\,R=\dfrac{3}{2}\pi R^2$,

圆锥 BO_1 侧面积 $S_2=\pi\cdot\dfrac{\sqrt{3}}{2}R\cdot R=\dfrac{\sqrt{3}}{2}\pi R^2$,

所以形成的几何体表面积 $S=S_{球}+S_1+S_2=\dfrac{11+\sqrt{3}}{2}\pi R^2$.

例 8 两平行平面截半径为 13 的球,若截面面积分别为 25π 和 144π,则这两个平面间的距离是(   ).

A.7   B.17   C.5 或 12   D.7 或 17

【**错解**】球的半径 $R=13$,设两个截面圆的半径别为 r_1,r_2,球心到截面的距离分别为 d_1,d_2;球的半径为 R.由 $\pi r_1^2=25\pi$,得 $r_1=5$;

由 $\pi r_2^2=144\pi$,得 $r_2=12$.

这两个平面间的距离为球心与两个截面圆的距离之差,

即 $d_2-d_1=\sqrt{R^2-r_1^2}-\sqrt{R^2-r_2^2}=\sqrt{13^2-5^2}-\sqrt{13^2-12^2}=7$.

故选 A.

【**错析**】只考虑一种情况.

【**正解**】球的半径 $R=13$,设两个截面圆的半径别为 r_1,r_2,球心到截面的距离分别为 d_1,d_2;球的半径为 R.

由 $\pi r_1^2=25\pi$,得 $r_1=5$;

由 $\pi r_2^2=144\pi$,得 $r_2=12$;

如图①所示,当球的球心在两个平行平面的外侧时,这两个平面间的距离

为球心与两个截面圆的距离之差，

即 $d_2-d_1=\sqrt{R^2-r_1^2}-\sqrt{R^2-r_2^2}=\sqrt{13^2-5^2}-\sqrt{13^2-12^2}=7$；

如图②所示，当球的球心在两个平行平面的之间时，这两个平面间的距离为球心与两个截面圆的距离之和．

即 $d_2+d_1=\sqrt{R^2-r_1^2}+\sqrt{R^2-r_2^2}=\sqrt{13^2-5^2}+\sqrt{13^2-12^2}=17$．

所以这两个平面间的距离为 7 或 17．

故选 D．

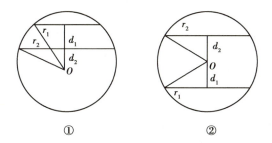

①　　　　　　②

易错点5　平面概念理解不清

例9　下列说法中正确的是(　　　)．

A.空间中不同的三点确定一个平面

B.空间中两两相交的三条直线确定一个平面

C.空间中有三个角为直角的四边形一定是平面图形

D.和同一条直线相交的三条平行直线一定在同一个平面内

【错解】B.三条直线两两相交，可以确定三个不共线的点，由于三个不共线的点可确定一个平面，所以 B 正确．

【错析】只想到三条直线相交有三个交点的情况．

【正解】D．

选项 A：不共线的三点才能确定一个平面．

选项 B：忽略空间中三条直线相交于一点的情况(比如三脚架)，此时可以确定三个平面．

选项C:如图所示,在正方体中选取A、B、C、D四点构成空间四边形$ABCD$中有三个直角,但四边形不是平面图形.

选项D:相交直线以及平行直线可以确定一个平面.

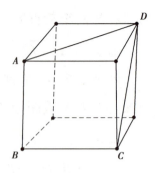

易错点6　空间等角定理概念不清

例10　下列命题中,正确的有(　　).

①如果一个角的两边与另一个角的两边分别平行,那么这两个角相等.

②如果两条相交直线和另两条相交直线分别平行,那么这两组直线所成的锐角(或直角)相等.

③如果两条直线和第三条直线所成的角相等,那么这两条直线平行.

A.0个　　　　　　　　B.1个　　　　　　　　C.2个　　　　　　　　D.3个

【错解】C.

【错析】对空间等角定理理解不清楚,造成本题错选.

【正解】B.

如果一个角的两边与另一个角的两边分别平行,那么这两个角相等或互补,故①错误;如果两条相交直线和另两条相交直线分别平行,那么这两组直线所成的锐角(或直角)相等,故②正确;两条直线和第三条直线所成的角相等,这两条直线不一定平行,还可相交或者异面,故③错误.故选B.

易错点7　空间中平行、垂直位置关系判断有误

例11　下列判断正确的是(　　).

A.若一直线与平面内的一条直线平行,则该直线与平面平行

B.一条直线a平行于平面α内无数条直线,则直线a与平面α平行

C.一条直线平行于一个平面,则该直线平行于这个平面内的任意一条

直线

D.若直线 a//平面 α,过 a 与 α 相交的平面有无数个,且它们与 α 的交线相互之间平行

【错解】A 或 B.

【错析】对线面平行的概念以及判定定理、性质定理理解不清,导致本题错选.

【正解】D.

选项 A:不一定,也有可能直线在平面内,所以一定要强调直线在平面外.

选项 B:不一定,可能有两种情况: a//α 或 $a \subset \alpha$.

选项 C:一条直线平行于一个平面,它可以与平面内的无数条直线平行,但不能与平面内的任意一条直线平行.这条直线与平面内的任意一条直线可能平行,也可能异面.

选项 D:过 a 与 α 相交的平面有无数多个,由线面平行的性质定理可知,这些交线都与 a 平行,故它们之间互相平行.

例 12　已知 m, n 表示两条不同直线, α 表示平面,下列说法中正确的个数是(　　).

①若 m//α, n//α,则 m//n.

②若 $m \perp \alpha$, $n \subset \alpha$,则 $m \perp n$.

③若 $m \perp \alpha$, $m \perp n$,则 n//α.

④若 m//α, $m \perp n$,则 $n \perp \alpha$.

⑤若 n//α, $m \perp \alpha$,则 $m \perp n$.

A.1 个　　　　　　　B.2 个　　　　　　　C.3 个　　　　　　　D.4 个

【错解】D.

【错析】对空间中平行和垂直的有关定理使用不正确.

【正解】B.

对于①若 m//α, n//α,则 m 与 n 可能平行、相交或异面,故错误.

对于②若 $m \perp \alpha$, $n \subset \alpha$,根据线面垂直的性质定理可得 $m \perp n$,故正确.

对于③若 $m \perp \alpha$, $m \perp n$,则 n//α 或 $n \subset \alpha$,故错误.

对于④若 m//α, $m \perp n$,则 $n \perp \alpha$ 或 $n \subset \alpha$ 或 n//α 或 n 与 α 相交,故错误.

对于⑤若 $n\parallel\alpha,m\perp\alpha$,根据线面垂直的性质定理可得 $m\perp n$,故正确.

故选 B.

✎ 易错点8 线线角概念理解错误

例13 在空间四边形 $ABCD$ 中, $AB=CD$,且异面直线 AB 与 CD 所成的角为 $30°$, E,F 分别是边 BC 和 AD 的中点,则异面直线 EF 和 AB 所成的角等于( ).

A.$15°$ B.$30°$

C.$75°$ D.$15°$ 或 $75°$

【错解】 设 G 是 AC 的中点,分别连接 EG,GF,

因为 E,F 分别是 BC,AD 的中点,所以 $EG\parallel AB$, $FG\parallel CD$,

所以 $\angle EGF$ 是 AB 和 CD 所成的角, $\angle EGF=30°$, AB 和 EF 所成的角为 $\angle GEF=75°$.故选 C.

【错析】 对异面直线所成角的理解不清楚.

【正解】 设 G 是 AC 的中点,分别连接 EG,GF

因为 E,F 分别是 BC,AD 的中点,所以 $EG\parallel AB$, $FG\parallel CD$,

所以 $\angle EGF$ 是 AB 和 CD 所成的角或其补角, $\angle GEF$ 是 EF 和 AB 所成的角或其补角,因为 $AB=CD$,所以 $EG=GF$.

当 $\angle EGF=30°$ 时, AB 和 EF 所成的角为 $\angle GEF=75°$;

当 $\angle EGF=150°$ 时, AB 和 EF 所成的角为 $\angle GEF=15°$.

综上所述,异面直线 EF 和 AB 所成的角等于 $75°$ 或 $15°$.

故选 D.

✎ 易错点9 直线与平面所成角理解有误

例14 (多选)下列命题中正确的是( ).

A.已知一条直线与一个平面所成的角为 $90°$,则这条直线与这个平面内的

所有直线所成的角都是90°

B.已知一条直线与一个平面所成的角为0°,则这条直线与这个平面内的所有直线所成的角都是0°

C.已知一条直线是一个平面的斜线,则这条直线与这个平面内不过斜足的所有直线所成的角中最大的角是90°

D.已知一条直线与一个平面内的所有直线所成的角中最小的是30°,则这一直线与这个平面所成的角是30°

【错解】B.

【错析】没有准确理解直线与平面所成角的相应概念.

【正解】ACD.

选项A中的已知条件保证了这条直线与平面垂直,再由直线与平面垂直的定义可知A正确;

选项B中对应的直线可以在平面内,也可以在平面外,因此,这样的直线与平面内的直线所成的角可能在$[0°,90°]$任意取值,B错误;

选项C中给出的是斜线,由异面直线所成角的概念可知,最大角只能是90°,C正确;

选项D直线与平面所成角的最小角定理的逆命题也成立,所以D正确.

例15 若直线l与平面α所成角为$\dfrac{\pi}{3}$,直线a在平面α内且与直线l异面,则直线l与直线a所成角的取值范围是(   ).

A.$\left(0,\dfrac{\pi}{3}\right]$ B.$\left[\dfrac{\pi}{3},\dfrac{2\pi}{3}\right]$ C.$\left[\dfrac{\pi}{2},\dfrac{2\pi}{3}\right]$ D.$\left[\dfrac{\pi}{3},\dfrac{\pi}{2}\right]$

【错解】B

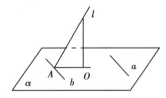

由最小角定理知直线l与直线b所成角的最小角即为直线l与平面α所成的角,所以最小值为$\dfrac{\pi}{3}$;最大角为$\dfrac{\pi}{3}$的补角,即$\dfrac{2\pi}{3}$.故选B.

【错析】没有理解线面角的定义.

【正解】D.如图所示,设直线 l 与平面 α 的交点为 A,过点 A 在 α 内作直线 $b /\!/ a$,则直线 l 与直线 b 所成的角即为直线 l 与直线 a 所成的角.而这两条直线所成的角的取值范围是 $\left(0, \dfrac{\pi}{2}\right]$,所以所成的角的最大值是 $\dfrac{\pi}{2}$.又由最小角定理知直线 l 与直线 b 所成的角的最小角即为直线 l 与平面 α 所成的角,所以最小值为 $\dfrac{\pi}{3}$.因此所求角的取值范围是 $\left[\dfrac{\pi}{3}, \dfrac{\pi}{2}\right]$.故选 D.

✎ 易错点10　对面面角理解有误

例16　给出下列命题:

①两个相交平面组成的图形叫作二面角.

②异面直线 a,b 分别和一个二面角的两个面垂直,则 a,b 所成的角与这个二面角相等或互补.

③二面角的平面角是从棱上一点出发,分别在两个面内作射线所成角的最小角.

④二面角的大小与其平面角的顶点在棱上的位置没有关系.

其中正确的是_____.

A.①③　　　　　B.②④　　　　　C.③④　　　　　D.①②

【错解】根据二面角的定义,故①正确.

②由于 a,b 分别垂直于两个面,也垂直于二面角的棱,所以二面角与异面角应该成互补关系,故错误.利用排除法,故选 A.

【错析】对二面角的定义理解不清导致错误.

【正解】对于①,显然混淆了平面与半平面的概念,是错误的;对于②,由于 a,b 分别垂直于两个面,所以也垂直于二面角的棱,但由于异面直线所成的角为锐角(或直角),所以应相等或互补,是正确的;对于③,因为不垂直于棱,所以是错误的;④是正确的,故选 B.

典型易错题训练

1.下列说法正确的有_____（填序号）.

①棱柱的侧面都是平行四边形；

②棱锥的侧面为三角形,且所有侧面都有一个公共点；

③棱台的侧面有的是平行四边形,有的是梯形；

④棱台的侧棱所在直线均相交于同一点；

⑤多面体至少有四个面.

2.下列说法正确的个数是（　　　）.

①球的半径是球面上任意一点与球心的连线；

②球面上任意两点的连线是球的直径；

③用一个平面截一个球,得到的截面是一个圆；

④用一个平面截一个球,得到的截面是一个圆面；

⑤半圆以它的直径所在直线为旋转轴旋转一周形成的曲面叫作球；

⑥空间中到定点的距离等于定长的所有点构成的曲面是球面.

A.0　　　　　　　B.1　　　　　　　C.2　　　　　　　D.3

3.（多选）下列命题中正确的是（　　　）.

　A.经过三点可以确定一个平面

　B.梯形可以确定一个平面

　C.两两相交的三条直线最多可以确定三个平面

　D.如果两个平面有三个公共点,则这两个平面重合

4.如图所示,在几何体 $P\text{-}ABCD$ 中,四边形 $ABCD$ 为矩形,各棱所在直线共有异面直线（　　　）.

　A.4对　　　　　　　　　　B.6对

　C.8对　　　　　　　　　　D.12对

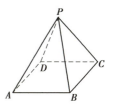

5.（多选）下列命题中正确的是（　　　）.

　A.若一个平面内有两条直线都与另一个平面平行,则这两个平面平行

　B.若一个平面内有无数条直线都与另一个平面平行,则这两个平面

平行

  C.若一个平面内任何一条直线都平行于另一个平面,则这两个平面平行

  D.若一个平面内的两条相交直线分别平行于另一个平面,则这两个平面平行

  6.(多选)下列说法正确的是( ).

  A.斜线与平面所成角的范围是$\left[0°,90°\right]$

  B.两条斜线与同一平面所成的角相等,则两斜线平行

  C.直线与平面内两条直线都垂直,则此直线垂直于该平面

  D.当直线与平面无公共点时,直线与平面所成的角是$0°$

  7.将一个边长分别为$4\pi,8\pi$的矩形卷成一个圆柱的侧面,则这个圆柱(包含上、下底面)的表面积是_____.

  8.如图所示,E,F分别是三棱锥$P-ABC$的棱AP、BC的中点,$PC=10$,$AB=6$,$EF=7$,则异面直线AB与PC所成的角为_____.

  A.$120°$ B.$60°$ C.$45°$ D.$30°$

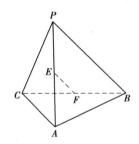

3.4　空间向量与立体几何

 典型易错点分析

易错点1　对空间向量相关概念理解有误

例1　下列选项不正确的是(　　).

A.若将空间中所有的单位向量移到同一个起点,则它们的终点构成一个圆

B.已知 A,B,C,D 是空间中任意四点,则 $\overrightarrow{AB}+\overrightarrow{BC}+\overrightarrow{CD}+\overrightarrow{DA}=\vec{0}$

C.对空间中任意一点 O 和不共线的三点 A,B,C,若 $\overrightarrow{OP}=x\overrightarrow{OA}+y\overrightarrow{OB}+z\overrightarrow{OC}$（其中 $x,y,z\in\mathbf{R}$）,则 P,A,B,C 四点共面

D.任何三个不共线的向量都可构成空间向量的一个基底

【错解】AC.

【错析】对空间向量的基底、空间四点共面理解有误,A选项:终点构成一个球面.C选项:只有 $x+y+z=1$,才有 P,A,B,C 四点共面.D选项:不共面的三个非零向量才能构成空间向量的基底,基底不唯一.

【正解】ACD.

易错点2　对空间向量线性运算法则理解不清

例2　已知正方体 $ABCD\text{-}A_1B_1C_1D_1$ 中,AC_1 的中点为 O,则下列命题中正确的是(　　).

A.$\overrightarrow{OA}+\overrightarrow{OD}$ 与 $\overrightarrow{OB_1}+\overrightarrow{OC_1}$ 是相等向量

B.$\overrightarrow{OB}-\overrightarrow{OC}$ 与 $\overrightarrow{OA_1}-\overrightarrow{OD_1}$ 是相反向量

C.$\overrightarrow{OA_1}-\overrightarrow{OA}$ 与 $\overrightarrow{OC}-\overrightarrow{OC_1}$ 是相等向量

D.$\overrightarrow{OA}+\overrightarrow{OB}+\overrightarrow{OC}+\overrightarrow{OD}$与$\overrightarrow{OA_1}+\overrightarrow{OB_1}+\overrightarrow{OC_1}+\overrightarrow{OD_1}$是相反向量

【错解】A.

【错析】对空间向量间的线性关系理解不透彻.

【正解】D.分别取AD,B_1C_1的中点M,N,则$\overrightarrow{OA}+\overrightarrow{OD}=2\overrightarrow{OM}$,$\overrightarrow{OB_1}+\overrightarrow{OC_1}=2\overrightarrow{ON}$,两者不是相等向量,故A错误;$\overrightarrow{OB}-\overrightarrow{OC}=\overrightarrow{CB}$,$\overrightarrow{OA_1}-\overrightarrow{OD_1}=\overrightarrow{D_1A_1}$,两者是相等向量,故B错误;$\overrightarrow{OA_1}-\overrightarrow{OA}=\overrightarrow{AA_1}$,$\overrightarrow{OC}-\overrightarrow{OC_1}=\overrightarrow{C_1C}$是相反向量,故C错误;设底面$ABCD,A_1B_1C_1D_1$的中心分别为$P,Q$,则$\overrightarrow{OA}+\overrightarrow{OB}+\overrightarrow{OC}+\overrightarrow{OD}=4\overrightarrow{OP}$,$\overrightarrow{OA_1}+\overrightarrow{OB_1}+\overrightarrow{OC_1}+\overrightarrow{OD_1}=4\overrightarrow{OQ}$,两者是一对相反向量,故D正确.

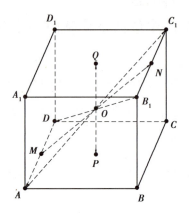

易错点3　不能正确理解空间向量数量积的定义

例3　设$\vec{a},\vec{b},\vec{c}$是单位向量,且$\vec{a}\cdot\vec{b}=0$,则$(\vec{a}-\vec{c})\cdot(\vec{b}-\vec{c})$的最小值为_____.

【错解】0.

【错析】计算时易忽略向量夹角的取值范围和数量积的定义.

【正解】$\vec{a}\cdot\vec{b}=0$,且$\vec{a},\vec{b},\vec{c}$均为单位向量,

故$|\vec{a}+\vec{b}|=\sqrt{(\vec{a}+\vec{b})^2}=\sqrt{\vec{a}^2+2\vec{a}\vec{b}+\vec{b}^2}$,计算结果为$\sqrt{2}$.

因为$(\vec{a}-\vec{c})\cdot(\vec{b}-\vec{c})=1-(\vec{a}+\vec{b})\cdot\vec{c}$,

设$\vec{a}+\vec{b}$与$\vec{c}$的夹角为θ,

则 $(\vec{a}-\vec{c})\cdot(\vec{b}-\vec{c})=1-|\vec{a}+\vec{b}|\cdot|\vec{c}|\cdot\cos\theta=1-\sqrt{2}\cos\theta$,

故 $(\vec{a}-\vec{c})\cdot(\vec{b}-\vec{c})$ 的最小值为 $1-\sqrt{2}$.

✏ 易错点4 对向量共面理解有误

例4 (1)已知 $\vec{a}=(2,-1,3)$, $\vec{b}=(-1,4,2)$, $\vec{c}=(7,5,\lambda)$, 且 $\vec{a},\vec{b},\vec{c}$ 三向量共面,则 $\lambda=$_____.

(2)已知 A,B,C 三点不共线, O 为平面 ABC 外一点,若由向量 $\overrightarrow{OP}=\dfrac{1}{5}\overrightarrow{OA}+\dfrac{2}{3}\overrightarrow{OB}+\lambda\overrightarrow{OC}$ 确定的点 P 与 A,B,C 共面,那么 $\lambda=$_____.

【错解】(1) $\lambda=\dfrac{53}{7}$;(2) $\lambda=\dfrac{1}{15}$.

【错析】空间向量共面问题理解不清.

【正解】(1)若 $\vec{a},\vec{b},\vec{c}$ 共线,则 $\vec{c}=m\vec{a}+n\vec{b}$;若 $\overrightarrow{OA},\overrightarrow{OB},\overrightarrow{OC}$ 的终点共面,则 $x\overrightarrow{OA}+y\overrightarrow{OB}+z\overrightarrow{OC}=0$, 且 $x+y+z=0$. 又 $\vec{a},\vec{b},\vec{c}$ 共面,根据上述结论,存在常数 m,n, 使得 $\vec{c}=m\vec{a}+n\vec{b}$, 带入数据化简得 $(7,5,\lambda)=(2m-n,-m+4n,3m+2n)$, 解得 $\lambda=\dfrac{133}{7}$.

(2)因为 $\overrightarrow{OP}=\dfrac{1}{5}\overrightarrow{OA}+\dfrac{2}{3}\overrightarrow{OB}+\lambda\overrightarrow{OC}$, 又 P,A,B,C 共面,所以有 $1=\dfrac{1}{5}+\dfrac{2}{3}+\lambda$, 解方程得 $\lambda=\dfrac{2}{15}$.

✏ 易错点5 不能正确使用空间向量基本定理

例5 在三棱柱 $ABC-A_1B_1C_1$ 中, D 是四边形 BB_1C_1C 的中心,且 $\overrightarrow{AA_1}=\vec{a}$, $\overrightarrow{AB}=\vec{b}$, $\overrightarrow{AC}=\vec{c}$, 则 $\overrightarrow{A_1D}=$( )

A. $\dfrac{1}{2}(\vec{a}+\vec{b}+\vec{c})$ 　　　　B. $\dfrac{1}{2}(\vec{a}-\vec{b}+\vec{c})$

C. $\frac{1}{2}(\vec{a}+\vec{b}-\vec{c})$ D. $\frac{1}{2}(-\vec{a}+\vec{b}+\vec{c})$

【错解】A.

【错析】不能将 $\overrightarrow{A_1D}$ 正确转化为基底向量.

【正解】由于 D 是四边形 BB_1C_1C 的中心，则 $\overrightarrow{A_1D}=\frac{1}{2}(\overrightarrow{A_1B}+\overrightarrow{A_1C_1})$，即 $\frac{1}{2}(\overrightarrow{A_1A}+\overrightarrow{A_1B_1}+\overrightarrow{A_1C_1})$，代入得 $\frac{1}{2}(-\vec{a}+\vec{b}+\vec{c})$，故选 D.

🖉 易错点6　直线在平面上的射影的概念理解错误

  例 6 如图所示，在四棱锥 P-$ABCD$ 中，底面 $ABCD$ 是正方形，侧棱 $PD=CD$，$PD\perp$ 面 $ABCD$，E 是 PC 的中点，作 $EF\perp PB$ 于点 F.

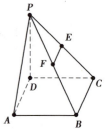

  (1)证明：$PA/\!/$ 平面 EDB；

  (2)证明：$BP\perp$ 平面 EFD.

【错解】因为第(2)问中 $DE\perp PC$，所以 DF 在平面 PBC 上的射影为 EF，又 $EF\perp PB$，所以 $DF\perp PB$，又 $PB\perp EF$，所以 $PB\perp$ 平面 DEF.

【错析】在第(2)问证明中，只有 $DE\perp PC$，不能得出 EF 为 DF 在平面 PBC 上的射影，应先证明 $DE\perp$ 平面 PBC，才能得出 EF 为 DF 在平面 PBC 上的射影，再利用三垂线定理.

【正解】(1)如图所示，连接 AC,BD,EO，且 AC 交 BD 于 O，因为底面 $ABCD$ 为正方形，所以 O 为 AC 的中点，在 $\triangle PAC$ 中，EO 是中位线，所以 $PA/\!/EO$，又 $EO\subset$ 平面 EDB，且 $PA\not\subset$ 平面 EDB，所以 $PA/\!/$ 平面 EDB.

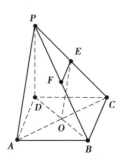

（2）因为 $PD\perp$ 平面 $ABCD$ ，所以平面 $PDC\perp$ 平面 $ABCD$ ，又底面 $ABCD$ 为正方形，所以 $BC\perp CD$ ，所以 $BC\perp$ 平面 PCD ，所以 $BC\perp DE$ ，又 $DE\perp PC$ ，所以 $DE\perp$ 平面 PBC ，所以 DF 在平面 PBC 上的射影为 EF ，又 $EF\perp PB$ ，所以 $DF\perp PB$ ，又 $PB\perp EF$ ，所以 $PB\perp$ 平面 DEF 。

✎ **易错点7　对空间距离理解不清**

例 7　在空间中，与一个 $\triangle ABC$ 三边所在直线距离都相等的点的集合是（　　）．

A．一条直线　　　　B．两条直线　　　　C．三条直线　　　　D．四条直线

【错解】A．因为三角形的内心到三边的距离相等．

【错析】在平面上与一个三角形三边所在直线等距离的点不只内心一个，实际任意两个角的外角平分线的交点（称为旁心）也符合到三角形三边所在直线等距离．

【正解】D．设该点为 P ，且 P 在平面 ABC 上的射影为 O ，因为 P 到 $\triangle ABC$ 三边所在直线距离都相等，所以 O 到 $\triangle ABC$ 的三边所在直线的距离都相等，即 O 为 $\triangle ABC$ 的内心，所以本题中符合题意的点在过内心且与平面 ABC 垂直的直线上，这样的直线有 4 条，所以选 D．

✎ **易错点8　忽视异面直线所成角的范围**

例 8　在四面体 $OABC$ 中，各棱长都相等，E,F 分别为 AB,OC 的中点，求异面直线 OE 与 BF 所成角的余弦值．

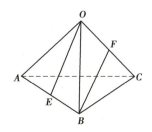

【错解】取 $\overrightarrow{OA}=a,\overrightarrow{OB}=b,\overrightarrow{OC}=c$,且 $|a|=|b|=|c|=1$,则 $a\cdot b=b\cdot a=c\cdot a=\dfrac{1}{2}$.又

因为 $\overrightarrow{OE}=\dfrac{1}{2}(a+b),\overrightarrow{BE}=\dfrac{1}{2}c-b$,

所以 $\overrightarrow{OE}\cdot\overrightarrow{BF}=\dfrac{1}{2}(a+b)\cdot\left(\dfrac{1}{2}c-b\right)=\dfrac{1}{4}a\cdot c+\dfrac{1}{4}b\cdot c-\dfrac{1}{2}a\cdot b-\dfrac{1}{2}|b|^2=-\dfrac{1}{2}$.

又 $|\overrightarrow{OE}|=\dfrac{\sqrt{3}}{2},|\overrightarrow{BF}|=\dfrac{\sqrt{3}}{2}$,所以 $\cos\langle\overrightarrow{OE},\overrightarrow{BF}\rangle=\dfrac{\overrightarrow{OE}\cdot\overrightarrow{BF}}{|\overrightarrow{OE}||\overrightarrow{BF}|}=-\dfrac{2}{3}$.

【错析】本题容易因为对两向量的夹角理解不透彻而解错.事实上,两向量

夹角的取值范围是 $[0,\pi]$,异面直线所成的角的范围是 $\left(0,\dfrac{\pi}{2}\right]$,异面直线 l_1,l_2

所成的角为 θ,方向向量为 a,b.当 $0<\langle a,b\rangle\leqslant\dfrac{\pi}{2}$ 时,$\theta=\langle a,b\rangle$,即 $\cos\theta=\cos\langle a,b\rangle$,

当 $\dfrac{\pi}{2}<\langle a,b\rangle<\pi$ 时,$\theta=\pi-\langle a,b\rangle$,即 $\cos\theta=|\langle\cos a,b\rangle|$.

【正解】取 $\overrightarrow{OA}=a,\overrightarrow{OB}=b,\overrightarrow{OC}=c$,且 $|a|=|b|=|c|=1$,则 $a\cdot b=b\cdot a=c\cdot a=\dfrac{1}{2}$.

因为 $\overrightarrow{OE}=\dfrac{1}{2}(a+b),\overrightarrow{BE}=\dfrac{1}{2}c-b$,

所以 $\overrightarrow{OE}\cdot\overrightarrow{BF}=\dfrac{1}{2}(a+b)\cdot\left(\dfrac{1}{2}c-b\right)=\dfrac{1}{4}a\cdot c+\dfrac{1}{4}b\cdot c-\dfrac{1}{2}a\cdot b-\dfrac{1}{2}|b|^2=-\dfrac{1}{2}$.

又 $|\overrightarrow{OE}|=\dfrac{\sqrt{3}}{2},|\overrightarrow{BF}|=\dfrac{\sqrt{3}}{2}$,所以 $\cos\langle\overrightarrow{OE},\overrightarrow{BF}\rangle=\dfrac{\overrightarrow{OE}\cdot\overrightarrow{BF}}{|\overrightarrow{OE}||\overrightarrow{BF}|}=-\dfrac{2}{3}$,又因为异面

直线夹角的范围为 $\left(0,\dfrac{\pi}{2}\right]$,所以异面直线 OE 与 BF 所成角的余弦值为 $\dfrac{2}{3}$.

易错点9 混淆二面角的平面角与向量夹角

例9　如图所示,在 $120°$ 的二面角 $\alpha-l-\beta$ 中,$A\in l,B\in l$,且 $AC\perp AB,BD\perp AB$,

垂足分别为 A,B,已知 $AC=AB=BD=6$,试求线段 CD 的长度.

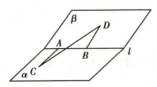

【错解】因为$AC\perp AB$，$BD\perp AB$，所以$\overrightarrow{CA}\cdot\overrightarrow{AB}=0$，$\overrightarrow{BD}\cdot\overrightarrow{AB}=0$。又因为二面角$\alpha$-$l$-$\beta$的平面角为$120°$，所以$\langle\overrightarrow{CA},\overrightarrow{BD}\rangle=120°$，

所以$CD^2=|\overrightarrow{CD}|^2=(\overrightarrow{CA}+\overrightarrow{AB}+\overrightarrow{BD})^2=|\overrightarrow{CA}|^2+|\overrightarrow{AB}|^2+|\overrightarrow{BD}|^2+2(\overrightarrow{CA}\cdot\overrightarrow{AB}+\overrightarrow{CA}\cdot\overrightarrow{BD}+\overrightarrow{BD}\cdot\overrightarrow{AB})$，故$CD=\sqrt{72}$。

【错析】易混淆二面角的平面角与向量夹角，把$\langle\overrightarrow{CA},\overrightarrow{BD}\rangle=60°$错解为$\langle\overrightarrow{CA},\overrightarrow{BD}\rangle=120°$。此处应结合图形，根据向量的方向与二面角的关系正确地求出向量夹角。

【正解】因为$AC\perp AB$，$BD\perp AB$，所以$\overrightarrow{CA}\cdot\overrightarrow{AB}=0$，$\overrightarrow{BD}\cdot\overrightarrow{AB}=0$。又因为二面角$\alpha$-$l$-$\beta$的平面角为$120°$，所以$\langle\overrightarrow{CA},\overrightarrow{BD}\rangle=60°$，

所以$CD^2=|\overrightarrow{CD}|^2=(\overrightarrow{CA}+\overrightarrow{AB}+\overrightarrow{BD})^2=|\overrightarrow{CA}|^2+|\overrightarrow{AB}|^2+|\overrightarrow{BD}|^2+2(\overrightarrow{CA}\cdot\overrightarrow{AB}+\overrightarrow{CA}\cdot\overrightarrow{BD}+\overrightarrow{BD}\cdot\overrightarrow{AB})$，即$3\times6^2+2\times6^2\times\cos60°=144$，故$CD=12$。

✎ 易错点10　对线面角的正弦理解不清

例10　如图所示，四面体$ABCD$中，$AD\perp CD$，$AD=CD$，$\angle ADB=\angle BDC$，E为AC的中点。

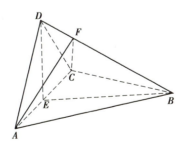

（1）证明：平面$BED\perp$平面ACD；

（2）设$AB=BD=2$，$\angle ACB=60°$，点F在BD上，当$\triangle AFC$的面积最小时，求CF与平面ABD所成角的正弦值。

【错解】(1)略;(2)$\dfrac{1}{7}$.

【错析】没有正确理解线面角的正弦值等于$\left|\cos\langle\vec{n},\overrightarrow{CF}\rangle\right|$,直接计算$\sin\theta=$

$\sqrt{1-\cos^2\langle\vec{n},\overrightarrow{CF}\rangle}=\dfrac{1}{7}$.

【正解】(1)因为$AD=CD$,E为AC的中点,所以$AC\perp DE$;在$\triangle ABD$和$\triangle CBD$中,因为$AD=CD$,$\angle ADB=\angle CDB$,$DB=DB$,所以$\triangle ABD\cong\triangle CBD$,所以$AB=CB$,又因为$E$为$AC$的中点,所以$AC\perp BE$;又因为$DE$,$BE\subset$平面$BED$,$DE\cap BE=E$,所以$AC\perp$平面$BED$,因为$AC\subset$平面$ACD$,因此平面$BED\perp$平面$ACD$.

(2)连接EF,由(1)知,$AC\perp$平面BED,因为$EF\subset$平面BED,所以$AC\perp EF$,所以$S_{\triangle AFC}=\dfrac{1}{2}AC\cdot EF$,当$EF\perp BD$时,$EF$最小,即$\triangle AFC$的面积最小.因为$\triangle ABD\cong\triangle CBD$,所以$CB=AB=2$,又因为$\angle ACB=60°$,所以$\triangle ABC$是等边三角形.因为$E$为$AC$的中点,所以$AE=EC=1$,$BE=\sqrt{3}$,因为$AD\perp CD$,所以$DE=\dfrac{1}{2}AC=1$,在$\triangle DEB$中,$DE^2+BE^2=BD^2$,所以$BE\perp DE$.

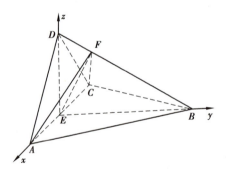

以E为坐标原点建立如图所示的空间直角坐标系E-xyz,

则$A(1,0,0)$,$B(0,\sqrt{3},0)$,$D(0,0,1)$,所以$\overrightarrow{AD}=(-1,0,1)$,$\overrightarrow{AB}=(-1,\sqrt{3},0)$,

设平面ABD的一个法向量$\vec{n}=(x,y,z)$,

则$\begin{cases}\vec{n}\cdot\overrightarrow{AD}=-x+z=0\\\vec{n}\cdot\overrightarrow{AB}=-x+\sqrt{3}y=0\end{cases}$,取$y=\sqrt{3}$,则$\vec{n}=(3,\sqrt{3},3)$,

又因为$C(-1,0,0)$,$F\left(0,\dfrac{\sqrt{3}}{4},\dfrac{3}{4}\right)$,所以$\overrightarrow{CF}=\left(1,\dfrac{\sqrt{3}}{4},\dfrac{3}{4}\right)$,

所以 $\cos\langle\vec{n},\overrightarrow{CF}\rangle=\dfrac{\vec{n}\cdot\overrightarrow{CF}}{|\vec{n}||\overrightarrow{CF}|}=\dfrac{6}{\sqrt{21}\times\sqrt{\dfrac{7}{4}}}=\dfrac{4\sqrt{3}}{7}$,

设 CF 与平面 ABD 所成角的正弦值为 $\theta\left(0\leqslant\theta\leqslant\dfrac{\pi}{2}\right)$,所以 $\sin\theta=\left|\cos\langle\vec{n},\overrightarrow{CF}\rangle\right|=$

$\dfrac{4\sqrt{3}}{7}$,

所以 CF 与平面 ABD 所成的角的正弦值为 $\dfrac{4\sqrt{3}}{7}$.

✐ 易错点 11 对二面角的正弦理解不清

例 11 如图所示,直三棱柱 ABC-$A_1B_1C_1$ 的体积为4,$\triangle A_1BC$ 的面积为 $2\sqrt{2}$.

(1)求 A 到平面 $\triangle A_1BC$ 的距离;

(2)设 D 为 A_1C 的中点,$AA_1=AB$,平面 $A_1BC\perp$ 平面 ABB_1A_1,求二面角 A-BD-C 的正弦值.

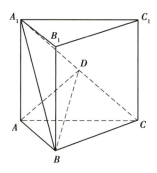

【错解】(1) $\sqrt{2}$;(2) $\dfrac{1}{2}$.

【错析】不理解线面角的正弦就直接等于 $\sin\theta=\cos\langle\vec{n},\vec{m}\rangle=\dfrac{1}{2}$.

【正解】(1)在直三棱柱 ABC-$A_1B_1C_1$ 中,设点 A 到平面 A_1BC 的距离为 h,

则 $V_{A\text{-}A_1BC}=\dfrac{1}{3}S_{\triangle A_1BC}\cdot h=\dfrac{2\sqrt{2}}{3}h=V_{A_1\text{-}ABC}=\dfrac{1}{3}S_{\triangle ABC}\cdot A_1A=\dfrac{1}{3}V_{ABC\text{-}A_1B_1C_1}=\dfrac{4}{3}$,

解得 $h=\sqrt{2}$,所以点 A 到平面 A_1BC 的距离为 $\sqrt{2}$.

（2）取 A_1B 的中点 E，连接 AE，如图所示，因为 $AA_1=AB$，所以 $AE\perp A_1B$，又平面 $A_1BC\perp$ 平面 ABB_1A_1，平面 $A_1BC\cap$ 平面 $ABB_1A_1=A_1B$，且 $AE\subset$ 平面 ABB_1A_1，所以 $AE\perp$ 平面 A_1BC.

在直三棱柱 $ABC-A_1B_1C_1$ 中，$BB_1\perp$ 平面 ABC，由 $BC\subset$ 平面 A_1BC，$BC\subset$ 平面 ABC，可得 $AE\perp BC$，$BB_1\perp BC$，又 AE，$BB_1\subset$ 平面 ABB_1A_1 且相交，所以 $BC\perp$ 平面 ABB_1A_1，所以 BC，BA，BB_1 两两垂直，以 B 为原点，建立空间直角坐标系，如图所示.

由（1）得 $AE=\sqrt{2}$，所以 $AA_1=AB=2$，$A_1B=2\sqrt{2}$，所以 $BC=2$，

则 $A(0,2,0)$，$A_1(0,2,2)$，$B(0,0,0)$，$C(2,0,0)$，所以 A_1C 的中点 $D(1,1,1)$，

则 $\overrightarrow{BD}=(1,1,1)$，$\overrightarrow{BA}=(0,2,0)$，$\overrightarrow{BC}=(2,0,0)$，

设平面 ABD 的一个法向量 $\vec{m}=(x+y+z)$，则 $\begin{cases}\vec{m}\cdot\overrightarrow{BD}=x+y+z=0\\\vec{m}\cdot\overrightarrow{BA}=2y=0\end{cases}$，可取 $\vec{m}=(1,0,-1)$，

设平面 BDC 的一个法向量 $\vec{n}=(a,b,c)$，则 $\begin{cases}\vec{m}\cdot\overrightarrow{BD}=a+b+c=0\\\vec{m}\cdot\overrightarrow{BC}=2a=0\end{cases}$，可取 $\vec{n}=(0,1,-1)$，

则 $\cos\langle\vec{m},\vec{n}\rangle=\dfrac{\vec{m}\cdot\vec{n}}{|\vec{m}|\cdot|\vec{n}|}=\dfrac{1}{\sqrt{2}\times\sqrt{2}}=\dfrac{1}{2}$，

所以二面角 A-BD-C 的正弦值为 $\sqrt{1-\left(\dfrac{1}{2}\right)^2}=\dfrac{\sqrt{3}}{2}$.

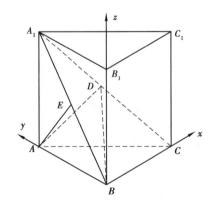

典型易错题训练

1.正三角形ABC的边长为1,与$\triangle ABC$三顶点距离都是$\dfrac{\sqrt{3}}{4}$的平面的个数为(　　).

  A.2   B.3   C.5   D.7

2.在空间直角坐标系$O\text{-}xyz$中,$O(0,0,0)$,$E(2\sqrt{2},0,0)$,$F(0,2\sqrt{2},0)$,B为EF的中点,C为空间一点且满足$|\overrightarrow{CO}|=|\overrightarrow{CB}|=3$,若$\cos\langle\overrightarrow{EF},\overrightarrow{BC}\rangle=\dfrac{1}{6}$,则$\overrightarrow{OC}\cdot\overrightarrow{OF}=$(　　).

  A.9   B.7   C.5   D.3

3.O为空间一点,A,B,C不共线,若$\overrightarrow{OP}=\dfrac{1}{3}\overrightarrow{OA}+\dfrac{1}{2}\overrightarrow{OB}+\dfrac{1}{6}\overrightarrow{OC}$,则$A,B,C,P$四点(　　).

  A.一定不共面   B.不一定共面   C.一定共面   D.无法判断

4.(多选)如图所示,一个结晶体的形状为平行六面体$ABCD\text{-}A_1B_1C_1D_1$,其中以顶点A为端点的三条棱长均为6,且它们彼此的夹角都是$60°$,下列说法中正确的是(　　).

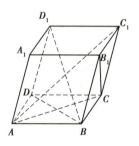

  A.$AC_1=6\sqrt{6}$

  B.$AC_1\perp DB$

  C.向量$\overrightarrow{B_1C}$与$\overrightarrow{AA_1}$的夹角是$60°$

  D.BD_1与AC所成角的余弦值为$\dfrac{\sqrt{6}}{3}$

5.(多选)如图所示,在棱长为2的正方体$ABCD\text{-}A_1B_1C_1D_1$中,E为BC的中点,点P在底面$ABCD$上移动,且满足$B_1P\perp D_1E$,下列结论正确的是(　　).

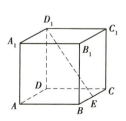

  A.B_1P的长度的最大值为3

  B.B_1P的长度的最小值为$\sqrt{6}$

C.B_1P 的长度的最大值为 $2\sqrt{2}$

D.B_1P 的长度的最小值为 $\dfrac{6\sqrt{5}}{5}$

6.(多选)下列结论正确的是(　　).

　A.直线的方向向量是唯一确定的

　B.两条不重合的直线 l_1 和 l_2 的方向向量分别为 $\vec{v_1}=(1,0,-1)),\vec{v_2}=(-2,0,$
　　$2)$,则 l_1 与 l_2 的位置关系是平行

　C.已知 $\overrightarrow{AB}=(2,2,1),\overrightarrow{AC}=(4,5,3)$,则平面 ABC 的单位法向量 $\vec{n_0}=$
　　$\pm\left(\dfrac{1}{3},-\dfrac{2}{3},\dfrac{2}{3}\right)$

　D.两直线方向向量的夹角就是两条直线所成的角

7.(多选)若 $\vec{a},\vec{b}$ 是平面 α 内的两个向量,则下列说法错误的是(　　).

　A.α 内任一向量 $\vec{p}=\lambda\vec{a}+\mu\vec{b}(\lambda,\mu\in\mathbf{R})$

　B.若存在 $\lambda,\mu\in\mathbf{R}$ 使 $\lambda\vec{a}+\mu\vec{b}=\vec{0}$,则 $\lambda=\mu=0$

　C.若 $\vec{a},\vec{b}$ 不共线,则空间任一向量 $\vec{p}=\lambda\vec{a}+\mu\vec{b}(\lambda,\mu\in\mathbf{R})$

　D.若 $\vec{a},\vec{b}$ 不共线,则 α 内任一向量 $\vec{p}=\lambda\vec{a}+\mu\vec{b}(\lambda,\mu\in\mathbf{R})$

8.如图所示,在空间四边形 $OABC$ 中,M,N 分别为
OA,BC 的中点,点 G 在线段 MN 上,且 $\overrightarrow{MG}=3\overrightarrow{GN}$,用向
量 $\overrightarrow{OA}、\overrightarrow{OB}、\overrightarrow{OC}$ 表示向量 $\overrightarrow{OG}$,设 $\overrightarrow{OG}=x\cdot\overrightarrow{OA}+y\cdot\overrightarrow{OB}+z\cdot$
$\overrightarrow{OC}$,则 x,y,z 的和为_____.

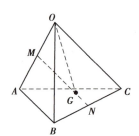

9.如图所示,在正方体 $ABCD\text{-}A_1B_1C_1D_1$ 中,E,F 分
别是棱 DD_1,C_1D_1 的中点.

　(1)证明:平面 $ADC_1B_1\perp$ 平面 A_1BE;

　(2)证明:$B_1F/\!/$ 平面 A_1BE;

　(3)若正方体棱长为1,求四面体 $A_1\text{-}B_1BE$ 的体积.

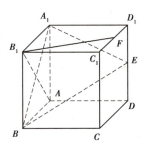

10.如图所示,在长方体 $ABCD$-$A_1B_1C_1D_1$ 中,$AD=AA_1=1$,$AB=2$,点 E 在棱 AB 上,若二面角 D_1-EC-D 的大小为 $\dfrac{\pi}{4}$,求 AE 的长度.

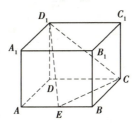

11.在直三棱柱 ABC-$A_1B_1C_1$ 中,$AB=AC=AA_1=2$,$\angle BAC=90°$,M 为 BB_1 的中点,N 为 BC 的中点.

(1)求点 M 到直线 AC_1 的距离;(2)求点 N 到平面 MA_1C_1 的距离.

12.(2022·全国甲(理)T18)在四棱锥 P-$ABCD$ 中,$PD\perp$ 底面 $ABCD$,$CD\!\parallel\!AB$,$AD=DC=CB=1$,$AB=2$,$DP=\sqrt{3}$.(1)证明:$BD\perp PA$;(2)求 PD 与平面 PAB 所成角的正弦值.

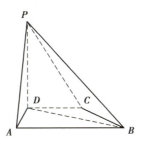

13.(2022·新高考 Ⅱ 卷 T20)如图,PO 是三棱锥 P-ABC 的高,$PA=PB$,$AB\perp AC$,E 是 PB 的中点.

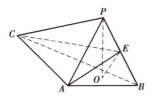

(1)求证:$OE\!\parallel\!$ 平面 PAC;

(2)若 $\angle ABO=\angle CBO=30°$,$PO=3$,$PA=5$,求二面角 C-AE-B 的正弦值.

3.5 直线和圆的方程

 **典型易错点分析**

易错点1 由斜率求倾斜角的范围出错

例1 若直线斜率的范围是$-1<k<1$,求该直线倾斜角α的取值范围.

【错解】因为$-1<k<1$,所以该直线的倾斜角范围是$45°<\alpha<135°$.

【错析】本题忽略了倾斜角$90°$时斜率不存在的情况.

【正解】当$-1<k<1$时,结合正切函数的图像可得,倾斜角的范围是$\alpha\in[0°,45°)\cup(135°,180°)$.

易错点2 忽略斜率不存在的特殊情况

例2 已知直线l_1经过点$A(3,a)$,$B(a-2,3)$,直线l_2经过点$C(2,3)$,$D(-1,a-2)$,若$l_1\perp l_2$,求a的值.

【错解】由$l_1\perp l_2\Leftrightarrow k_1\cdot k_2=-1$,又$k_1=\dfrac{3-a}{a-5}$,$k_2=\dfrac{a-5}{-3}$,所以$\dfrac{3-a}{a-5}\cdot\dfrac{a-5}{-3}=-1$,解得$a=0$.

【错析】只有在两条直线斜率都存在的情况下,才有$l_1\perp l_2\Leftrightarrow k_1\cdot k_2=-1$,本解中忽略了一条直线斜率为0,另一条直线斜率不存在的情况.

【正解】由题意知l_2的斜率一定存在,且l_2的斜率可能为0,下面进行讨论.

当$k_2=0$时,$a=5$,此时k_1不存在,满足两直线垂直.

当$k_2\neq 0$时,由$k_1\cdot k_2=-1$,得$a=0$.

所以a的值为0或5.

✎ 易错点3　判断两条直线平行的条件时忽略重合的情况

例3　当a为何值时,直线$l_1:y=-x+2a$与直线$l_2:(a^2-2)x+2-y=0$平行?

【错解】由题意得$a^2-2=-1$,所以$a=\pm1$.

【错析】该解法只注意到两直线平行时斜率相等,而忽视了斜率相等的两直线还可能重合.

【正解】因为$l_1/\!/l_2$,所以$a^2-2=-1$且$2a\neq2$,解得$a=-1$.

✎ 易错点4　截距概念模糊

例4　求过点$(2,1)$且与两坐标所围成的三角形面积为4的直线方程.

【错解】设所求直线方程为$\dfrac{x}{a}+\dfrac{y}{b}=1$,

因为$(2,1)$在直线上,所以有$\dfrac{2}{a}+\dfrac{1}{b}=1$,　①

又$\dfrac{1}{2}ab=4$,即$ab=8$,　②

由①、②得$a=4$,$b=2$,故所求直线方程为$x+2y=4$.

【错析】对截距概念理解错误,误将直线在x轴和y轴上的截距作为距离使用.事实上,直线与两坐标轴所围成的三角形面积为$\dfrac{1}{2}|a||b|$,而不是$\dfrac{1}{2}ab$.

【正解】设所求直线方程为$\dfrac{x}{a}+\dfrac{y}{b}=1$,

因为$(2,1)$在直线上,所以有$\dfrac{2}{a}+\dfrac{1}{b}=1$,　①

又$\dfrac{1}{2}|a||b|=4$,即$|a||b|=8$,　②

由①②得:$a=4$,$b=2$或$a=4\sqrt{2}-1$,$b=-2\sqrt{2}-1$或$a=-4\sqrt{2}-4$,$b=2\sqrt{2}-1$

故所求直线方程为:$\dfrac{x}{4}+\dfrac{y}{2}=1$或$\dfrac{x}{4\sqrt{2}-1}+\dfrac{y}{-2\sqrt{2}-1}=1$或$\dfrac{x}{-4\sqrt{2}-4}+$

$$\frac{y}{2\sqrt{2}-1}=1$$

即直线方程为 $x+2y=4$ 或 $(\sqrt{2}+1)x-2(\sqrt{2}-1)y-4=0$ 或 $(\sqrt{2}-1)x-2(\sqrt{2}+1)y+4=0$.

易错点5　忽视截距为0的情形

例5　已知直线 l 过点 $P(2,-1)$,且在两坐标轴上的截距相等,求直线 l 的方程.

【错解】由题意,设直线 l 的方程 $\frac{x}{a}+\frac{y}{a}=1$,

因为直线 l 过点 $(2,-1)$,所以 $\frac{2}{a}+\frac{-1}{a}=1$,

所以 $a=1$,则直线 l 的方程为 $x+y-1=0$.

【错析】错解忽略了过原点时的情况.

【正解】设直线 l 在两坐标轴上的截距为 a.

若 $a=0$,则直线 l 过原点,其方程为 $x+2y=0$;

若 $a\neq0$,则直线 l 的方程设为 $\frac{x}{a}+\frac{y}{a}=1$.

因为直线 l 过点 $(2,-1)$,所以 $\frac{2}{a}+\frac{-1}{a}=1$,所以 $a=1$,则直线 l 的方程为 $x+y-1=0$.

综上所述,直线 l 的方程为 $x+2y=0$ 或 $x+y-1=0$.

易错点6　讨论含参数的两条直线相交时因考虑问题不全面而致误

例6　若三条直线 $l_1: ax+y+1=0$, $l_2: x+ay+1=0$, $l_3: x+y+a=0$ 共有三个不同的交点,则 a 的取值范围为(　　).

A.$a\neq\pm1$　　　　　　　　　　　B.$a\neq1$ 且 $a\neq-2$

C.$a\neq-2$　　　　　　　　　　　D.$a\neq\pm1$ 且 $a\neq-2$

【错解】选A或选B.

【错析】在解题过程中,常错选B,原因在于考虑问题不全面,只考虑到三条直线相交于一点而忽视了任意两条平行或重合的情况.错选A时,只考虑到三条直线斜率不相等的条件而忽视了三条直线相交于一点的情况.

【正解】因为三条直线有三个不同的交点,需三条直线两两相交且不共点,由条件不易直接求参数,可考虑从反面着手求解.

若三条直线交于一点,由 $\begin{cases} x+ay+1=0 \\ x+y+a=0 \end{cases}$,解得 $\begin{cases} x=-a-1 \\ y=1 \end{cases}$,

将 l_2,l_3 的交点 $(-a-1,1)$ 代入 l_1 的方程,解得 $a=1$ 或 $a=-2$.

若 $l_1//l_2$,则由 $a\times a-1\times1=0$,解得 $a=\pm1$,

当 $a=1$ 时,l_1 与 l_2 重合.取 $a=-1$.

若 $l_2//l_3$,则由 $1\times1-a\times1=0$,解得 $a=1$,

当 $a=1$,l_2 与 l_3 重合.

若 $l_1//l_3$,则由 $a\times1-1\times1=0$,解得 $a=1$,

当 $a=1$ 时,l_1 与 l_3 重合.

综上,当 $a=1$ 时,三条直线重合;

当 $a=-1$ 时,$l_1//l_2$;

当 $a=-2$ 时,三条直线交于一点.

所以要使三条直线共有三个交点,需 $a\neq\pm1$ 且 $a\neq-2$.

易错点7 忽视圆的方程需要满足的条件

例7 已知点 $O(0,0)$ 在圆 $x^2+y^2+kx+2ky+2k^2+k-1=0$ 外,求 k 的取值范围.

【错解】因为点 $O(0,0)$ 在圆外,所以 $2k^2+k-1>0$,解得 $k>\dfrac{1}{2}$ 或 $k<-1$.

所以 k 的取值范围是 $\left(-\infty,-1\right)\cup\left(\dfrac{1}{2},+\infty\right)$.

【错析】本题忽视了圆的一般方程 $x^2+y^2+Dx+Fy+F=0$ 表示圆的条件为 D^2+

$E^2-4F>0$.

【正解】因为方程表示圆,所以$k^2+(2k)^2-4(2k^2+k-1)>0$,即$3k^2+4k-4<0$,解得$-2<k<\dfrac{2}{3}$.

又因为点$O(0,0)$在圆外,所以$2k^2+k-1>0$,解得$k>\dfrac{1}{2}$或$k<-1$.

综上所述,k的取值范围是$(-2,-1)\cup\left(\dfrac{1}{2},\dfrac{2}{3}\right)$.

易错点8　变形不等价导致错解

例8　方程$\sqrt{1-x^2}=kx+2$有唯一解,则实数k的取值范围是(　　).

A.$k=\pm\sqrt{3}$ 　　　　　　　　　B.$k\in(-2,2)$

C.$k<-2$或$k>2$ 　　　　　　　　D.$k<-2$或$k>2$或$k=\pm\sqrt{3}$

【错解】选A或选C.

【错析】因忽视$y=\sqrt{1-x^2}$中的$y\geqslant 0$而认为直线与圆相切,从而错选A;虽然注意到图形表示半圆但漏掉直线与圆相切的情形而错选C.

【正解】由题意可将问题转化为直线$y=kx+2$与半圆$x^2+y^2=1(y\geqslant 0)$只有一个交点,如图所示.

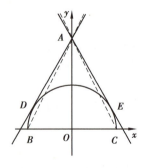

当直线与半圆相切时,由圆心到直线的距离公式得:$\dfrac{2}{\sqrt{1+k^2}}=1$,此时$k=\pm\sqrt{3}$.

当直线与半圆不相切且只有一个公共点时,直线的斜率应比直线AB的斜

率大且比直线 AC 的斜率小，而 $C(1,0)$，$B(-1,0)$，$k_{AB}=\dfrac{2-0}{0-(-1)}=2$，

$k_{AC}=\dfrac{2-0}{0-1}=-2$.

综上可以得 k 的取值范围为 $k<-2$ 或 $k>2$ 或 $k=\pm\sqrt{3}$，故选 D.

易错点9 求切线时考虑不全

例9 过点 $P(2,4)$ 引圆 $(x-1)^2+(y-1)^2=1$ 的切线，则切线方程为 _____ _____.

【错解】 设切线方程为 $y-4=k(x-2)$，即 $kx-y+4-2k=0$，

因为直线与圆相切，所以圆心到直线的距离等于半径，

即 $d=\dfrac{|k-1+4-2k|}{\sqrt{k^2+1}}=\dfrac{|3-k|}{\sqrt{k^2+1}}=1$，解得 $k=\dfrac{4}{3}$，

故所求切线方程为 $\dfrac{4}{3}x-y+4-2\times\dfrac{4}{3}=0$，即 $4x-3y+4=0$.

【错析】 本题容易忽略切线斜率不存在的情况，从而导致漏解.

【正解】 显然点 $P(2,4)$ 不在圆上，

① 当切线的斜率存在时，设切线方程为 $y-4=k(x-2)$，即 $kx-y+4-2k=0$.

因为直线与圆相切，所以圆心到直线的距离等于半径，

即 $d=\dfrac{|k-1+4-2k|}{\sqrt{k^2+1}}=\dfrac{|3-k|}{\sqrt{k^2+1}}=1$，解得 $k=\dfrac{4}{3}$，

故所求切线方程为 $\dfrac{4}{3}x-y+4-2\times\dfrac{4}{3}=0$，即 $4x-3y+4=0$.

② 当切线的斜率不存在时，直线方程为 $x=2$，此时圆心到直线的距离等于半径，符合题意.

综上，切线方程为 $x=2$ 或 $4x-3y+4=0$.

典型易错题训练

1.已知直线 $x+ay+4=0$ 与直线 $ax+4y-3=0$ 互相平行,则实数 a 的值为( ).

　　A.±2　　　　　　B.2　　　　　　C.-2　　　　　　D.0

2.经过点 $P(1,3)$,并且在两坐标轴上截距互为相反数的直线有( ).

　　A.0条　　　　　B.1条　　　　　C.2条　　　　　D.3条

3.设 $A(-2,3)$,$B(1,2)$,若直线 $ax+y-1=0$ 与线段 AB 相交,则 a 的取值范围是( ).

　　A.$[-1,1]$　　　　　　　　　　B.$(-1,1)$

　　C.$(-\infty,-1]\cup[1,+\infty)$　　　　D.$(-\infty,-1)\cup(1,+\infty)$

4.若直线 $y=kx+2k$ 与圆 $x^2+y^2+mx+4=0$ 至少有一个交点,则实数 m 的取值范围为( ).

　　A.$[0,+\infty)$　　　B.$[4,+\infty)$　　　C.$(4,+\infty)$　　　D.$[2,4]$

5.若直线 $y=x+b$ 与曲线 $y=\sqrt{4-x^2}$ 有公共点,则实数 b 的取值范围是＿＿＿＿＿＿＿＿＿＿.

6.已知两圆 $x^2+y^2=1$ 和 $(x+4)^2+(y-a)^2=25$ 相切,则实数 a 的值是＿＿＿＿＿＿＿＿＿＿.

7.已知直线 l 经过点 $P(-4,2)$,且被圆 $(x+1)^2+(y+2)^2=25$ 截得的弦长为8,则直线 l 的方程是( ).

　　A.$7x+24y-20=0$　　　　　　B.$4x+3y+25=0$

　　C.$4x+3y+25=0$ 或 $x=-4$　　　　D.$7x+24y-20=0$ 或 $x=-4$

8.若曲线 $x^2+y^2=5$ 与曲线 $x^2+y^2-2mx+m^2-20=0(m\in\mathbf{R})$ 相交于 A,B 两点,且两曲线在 A 处的切线相互垂直,则 m 的值是＿＿＿＿＿＿＿＿＿＿.

3.6 圆锥曲线的方程

 典型易错点分析

易错点1 对圆锥曲线定义理解不清

例1 已知 F_1、F_2 为两定点，且 $|F_1F_2|=4$，动点 P 满足 $|PF_1|+|PF_2|=4$，则动点 P 的轨迹是_____.

【错解】根据椭圆的定义得，动点 P 的轨迹是椭圆.

【错析】忽略了椭圆的限制条件 $2a>|F_1F_2|$.

①当动点到两定点的距离之和 $2a>|F_1F_2|$，点 P 的轨迹是椭圆.

②当动点到两定点的距离之和 $2a=|F_1F_2|$，点 P 的轨迹是线段.

③当动点到两定点的距离之和 $2a<|F_1F_2|$，点 P 的轨迹不存在.

【正解】因为 $|F_1F_2|=|PF_1|+|PF_2|=4$，动点 P 的轨迹是线段 F_1F_2.

例2 已知 $F_1(-5,0)$，$F_2(5,0)$，动点 P 满足 $|PF_1|-|PF_2|=2a$，当 a 为 3 和 5 时，点 P 的轨迹分别为（　　）.

　　A.双曲线和一条直线　　　　　　　　B.双曲线和一条射线

　　C.双曲线的一支和一条直线　　　　　D.双曲线的一支和一条射线

【错解】依题意得 $|F_1F_2|=10$，当 $a=3$ 时，$2a=6<|F_1F_2|$，故点 P 的轨迹为双曲线；当 $a=5$ 时，$2a=10=|F_1F_2|$，故点 P 的轨迹为一条射线，故选 B.

【错析】错解中忽略了双曲线定义中的限制条件"差的绝对值"，从而导致错误.

【正解】依题意得 $|F_1F_2|=10$，当 $a=3$ 时，$2a=6<|F_1F_2|$，且 $|PF_1|-|PF_2|=6>0$，点 P 的轨迹为双曲线的右支；当 $a=5$ 时，$2a=10=|F_1F_2|$，故点 P 的轨迹为一条射线，故选 D.

例3 已知点 P 到 $F(4,0)$ 的距离与到直线 $x=-5$ 的距离相等，求点 P 的轨

迹方程_____.

【错解】由抛物线的定义,可知点 P 的轨迹是抛物线.

因为焦点在 x 轴上,开口向右,焦点到准线的距离 $p=9$,所以抛物线的方程 $y^2=18x$.

【错析】点 P 到 $F(4,0)$ 的距离与到直线 $x=-5$ 的距离相等,满足抛物线的定义,但 $4\neq|-5|$,故此抛物线的方程不是标准方程.

【正解】设点 $P(x,y)$,则由题意得 $\sqrt{(x-4)^2+y^2}=|x+5|$,

化简整理得 $y^2=18x+9$,此即所求的轨迹方程.

✏ **易错点2 忽视圆锥曲线标准方程的限制条件**

例4 已知方程 $\dfrac{x^2}{k-5}+\dfrac{y^2}{3-k}=-1$ 表示椭圆,求 k 的取值范围_____.

【错解】由 $\begin{cases}k-5<0\\3-k<0\end{cases}$ 得 $3<k<5$,故 k 的取值范围是 $3<k<5$.

【错析】椭圆的标准方程中要求 $a>b>0$,当 $a=b$ 时,并不表示椭圆.

【正解】由 $\begin{cases}k-5<0\\3-k<0\\k-5\neq3-k\end{cases}$ 得 $3<k<5$,且 $k\neq4$.

所以 k 的取值范围是 $3<k<5$,且 $k\neq4$.

✏ **易错点3 对圆锥曲线焦点位置判断不准**

例5 椭圆的一个顶点为 $A(2,0)$,其中长轴长是短轴长的2倍,求椭圆的标准方程.

【错解】$A(2,0)$ 为长轴端点,则 $a=2$,$b=1$,椭圆方程为:$\dfrac{x^2}{4}+y^2=1$.

【错析】题目没有指出焦点的位置,要考虑两种位置情况.

【正解】当 $A(2,0)$ 为长轴端点时,$a=2$,$b=1$,椭圆的标准方程为 $\dfrac{x^2}{4}+y^2=1$.

当 $A(2,0)$ 为短轴端点时, $b=2$, $a=4$, 椭圆的标准方程为 $\dfrac{x^2}{4}+\dfrac{y^2}{16}=1$.

例 6 已知椭圆 $\dfrac{x^2}{k+8}+\dfrac{y^2}{9}=1$ 的离心率 $e=\dfrac{1}{2}$, 则 k 的值为 _____.

【错解】由方程可知, $a^2=k+8$, $b^2=9$, 则 $c^2=k-1$, 由 $e=\dfrac{1}{2}$, 得 $k=4$.

【错析】因为 $k+8$ 与 9 的大小关系不定, 所以椭圆的焦点可能在 x 轴上, 也可能在 y 轴上.

【正解】当椭圆焦点在 x 轴上时, $a^2=k+8$, $b^2=9$, 则 $c^2=k-1$, 由 $e=\dfrac{1}{2}$, 得 $k=4$.

当椭圆焦点在 y 轴上时, $a^2=9$, $b^2=k+8$, 则 $c^2=1-k$, 由 $e=\dfrac{1}{2}$, 得 $k=-\dfrac{5}{4}$.

所以满足条件的 k 值有 $k=4$ 或 $k=-\dfrac{5}{4}$.

例 7 已知双曲线的渐近线方程是 $y=\pm\dfrac{2}{3}x$, 焦距为 $2\sqrt{26}$, 则双曲线的标准方程为 _____.

【错解】由题意知 $\dfrac{b}{a}=\dfrac{2}{3}$, 且 $c^2=a^2+b^2=26$, 两式联立解得 $a^2=18$, $b^2=8$, 所以所求双曲线的标准方程为 $\dfrac{x^2}{18}-\dfrac{y^2}{8}=1$.

【错析】错解的原因是未审清题目条件, 误认为焦点一定在 x 轴上, 从而导致漏解.

【正解】当双曲线的焦点在 x 轴上时, 由 $\dfrac{b}{a}=\dfrac{2}{3}$ 且 $c^2=a^2+b^2=26$, 两式联立解得 $a^2=18$, $b^2=8$, 所以所求双曲线的标准方程为 $\dfrac{x^2}{18}-\dfrac{y^2}{8}=1$.

当双曲线的焦点在 y 轴上时, 由 $\dfrac{a}{b}=\dfrac{2}{3}$ 且 $c^2=a^2+b^2=26$, 两式联立解得 $a^2=8$, $b^2=18$, 所以所求双曲线的标准方程为 $\dfrac{y^2}{8}-\dfrac{x^2}{18}=1$.

综上, 所求双曲线的标准方程为 $\dfrac{x^2}{18}-\dfrac{y^2}{8}=1$ 或 $\dfrac{y^2}{8}-\dfrac{x^2}{18}=1$.

例 8 设抛物线 $y^2=mx$ 的准线与直线 $x=1$ 的距离为 3, 求抛物线的方程.

【错解】易知准线方程为 $x=-\dfrac{m}{4}$，因为准线与直线 $x=1$ 的距离为 3，所以准线方程为 $x=-2$，所以 $-\dfrac{m}{4}=-2$，解得 $m=8$，

故抛物线方程为 $y^2=8x$.

【错析】未对 m 的符号讨论.

【正解】当 $m>0$ 时，准线方程为 $x=-\dfrac{m}{4}$，由条件知 $1-\left(-\dfrac{m}{4}\right)=3$，所以 $m=8$. 此时抛物线方程为 $y^2=8x$；

当 $m<0$ 时，准线方程为 $x=-\dfrac{m}{4}$，由条件知 $-\dfrac{m}{4}-1=3$，所以 $m=-16$，此时抛物线方程为 $y^2=-16x$.

所以所求抛物线方程为 $y^2=8x$ 或 $y^2=-16x$.

✏️ 易错点4　忽视圆锥曲线的几何性质

例9　已知点 F_1，F_2 是椭圆 $x^2+2y^2=2$ 的左、右焦点，P 是该椭圆上的一个动点，那么 $|\overrightarrow{PF_1}+\overrightarrow{PF_2}|$ 的最小值是_____.

【错解】设 $P(x_0,y_0)$，易知 $F_1(-1,0)$，$F_2(1,0)$，

则 $\overrightarrow{PF_1}=(-1-x_0,-y_0)$，$\overrightarrow{PF_2}=(1-x_0,-y_0)$，

所以 $\overrightarrow{PF_1}+\overrightarrow{PF_2}=(-2x_0,-2y_0)$，

$|\overrightarrow{PF_1}+\overrightarrow{PF_2}|=\sqrt{4x_0^2+4y_0^2}=2\sqrt{2-2y_0^2+y_0^2}=2\sqrt{-y_0^2+2}$.

当 $y_0=\pm\sqrt{2}$ 时，$|\overrightarrow{PF_1}+\overrightarrow{PF_2}|$ 取得最小值 0.

【错析】错解中忽视了点 P 的纵坐标的取值范围.

【正解】设 $P(x_0,y_0)$，易知 $F_1(-1,0)$，$F_2(1,0)$，

则 $\overrightarrow{PF_1}=(-1-x_0,-y_0)$，$\overrightarrow{PF_2}=(1-x_0,-y_0)$，

所以 $\overrightarrow{PF_1}+\overrightarrow{PF_2}=(-2x_0,-2y_0)$，

$|\overrightarrow{PF_1}+\overrightarrow{PF_2}|=\sqrt{4x_0^2+4y_0^2}=2\sqrt{2-2y_0^2+y_0^2}=2\sqrt{-y_0^2+2}$.

因为点 P 在椭圆上，所以 $0\leqslant y_0^2\leqslant 1$，

所以当 $y_0^2=1$ 时，$\left|\overrightarrow{PF_1}+\overrightarrow{PF_2}\right|$ 取得最小值2.

例10　已知 F_1、F_2 是双曲线 $\dfrac{x^2}{16}-\dfrac{y^2}{20}=1$ 的左、右焦点，点 P 在双曲线上. 若点 P 到焦点 F_1 的距离等于9，求点 P 到焦点 F_2 的距离_____.

【错解】由题可知 $2a=8$，由 $\left||PF_1|-|PF_2|\right|=8$，即 $|9-|PF_2||=8$，得 $|PF_2|=1$ 或 $|PF_2|=17$.

【错析】错解忽视了圆锥曲线（双曲线）的范围，双曲线上的点到任一焦点的距离都大于等于 $c-a$.

【正解】由题可知 $2a=8$，由 $\left||PF_1|-|PF_2|\right|=8$，即 $|9-|PF_2||=8$，得 $|PF_2|=1$ 或 $|PF_2|=17$. 因为 $a=4$，$c=6$，故 $|PF_2|\geqslant c-a=2$，因此 $|PF_2|=1$ 不符合题意，故 $|PF_2|=17$.

例11　设双曲线的渐近线为 $y=\pm\dfrac{3}{2}x$，求其离心率.

【错解】由双曲线的渐近线为 $y=\pm\dfrac{3}{2}x$，可得 $\dfrac{b}{a}=\dfrac{3}{2}$，从而 $e=\dfrac{c}{a}=\sqrt{1+\dfrac{b^2}{a^2}}=\dfrac{\sqrt{13}}{2}$.

【错析】由双曲线的渐近线为 $y=\pm\dfrac{3}{2}x$ 是不能确定焦点的位置在 x 轴上的.

【正解】当焦点的位置在 x 轴上时，$\dfrac{b}{a}=\dfrac{3}{2}$，从而 $e=\dfrac{c}{a}=\sqrt{1+\dfrac{b^2}{a^2}}=\dfrac{\sqrt{13}}{2}$.

当焦点的位置在 y 轴上时，$\dfrac{b}{a}=\dfrac{2}{3}$，从而 $e=\dfrac{c}{a}=\sqrt{1+\dfrac{b^2}{a^2}}=\dfrac{\sqrt{13}}{3}$.

综上，离心率为 $\dfrac{\sqrt{13}}{2}$ 或 $\dfrac{\sqrt{13}}{3}$.

✎ **易错点5　忽视直线和圆锥曲线只有一个公共点时的特殊情况**

例12　已知曲线 $C:y=\dfrac{\sqrt{20-x^2}}{2}$ 与直线 $L:y=-x+m$ 仅有一个公共点，求 m

的范围_____.

【错解】曲线 $C: y = \dfrac{\sqrt{20-x^2}}{2}$ 可化为 $x^2+4y^2=20$①,联立 $\begin{cases} y=-x+m \\ x^2+4y^2=20 \end{cases}$ 得 $5x^2-8mx+4m^2-20=0$,由 $\Delta=0$,得 $m=\pm5$.

【错析】方程①与原方程并不等价,应加上 $y\in[0, +\infty)$.

【正解】曲线 $C: y = \dfrac{\sqrt{20-x^2}}{2}$ 可化为 $x^2+4y^2=20$,$y\in[0, +\infty)$,故原方程对应曲线应为椭圆上半部分,结合图形易求得 m 的取值范围为 $m=5$ 或 $-2\sqrt{5} \leqslant m < 2\sqrt{5}$.

例 13 若过点 $P(1,1)$ 且斜率为 k 的直线 l 与双曲线 $x^2-\dfrac{y^2}{4}=1$ 只有一个公共点,则 $k=$_____.

【错解】由题意可得 $l: y=k(x-1)+1$,代入双曲线方程得 $(4-k^2)x^2-2(k-k^2)x-k^2+2k-5=0$.

由题可知 $\Delta=4(k-k^2)^2-4(4-k^2)(-k^2+2k-5)=0$,解得 $k=\dfrac{5}{2}$.

【错析】错解中忽略了直线与双曲线的渐近线平行时,直线与双曲线只有一个公共点.

【正解】由题意可得 $l: y=k(x-1)+1$,代入双曲线方程得 $(4-k^2)x^2-2(k-k^2)x-k^2+2k-5=0$.

当 $4-k^2=0$ 时,即 $k=\pm2$ 时,直线 l 与双曲线的渐近线平行,直线与双曲线只有一个公共点;

当 $4-k^2\neq0$ 时,$\Delta=4(k-k^2)^2-4(4-k^2)(-k^2+2k-5)=0$, 解得 $k=\dfrac{5}{2}$.

综上,当 $k=\dfrac{5}{2}$ 或 $k=\pm2$ 时,直线与双曲线只有一个公共点.

例 14 求过定点 $P(-1,1)$,且与抛物线 $y^2=2x$ 只有一个公共点的直线 l 的方程.

【错解】当直线 l 的斜率不存在时,显然不满足题意.

当直线 l 的斜率存在时,设直线 l 的方程为 $y-1=k(x+1)(k\neq0)$.

由 $\begin{cases} y-1=k(x+1) \\ y^2=2x \end{cases}$ 消去 x,得 $ky^2-2y+2k+2=0$,

则 $\Delta = 4 - 4k(2k+2) = 0$, 解得 $k = \dfrac{-1 \pm \sqrt{3}}{2}$.

故所求直线 l 的方程为 $(\sqrt{3}-1)x - 2y + \sqrt{3} + 1 = 0$ 或 $(\sqrt{3}+1)x + 2y + \sqrt{3} - 1 = 0$.

【错析】错解中忽略了与抛物线的对称轴平行的直线与抛物线有一个公共点, 故产生漏解.

【正解】当直线 l 的斜率不存在时, 显然不满足题意.

当直线 l 的斜率存在时, 设 $l: y - 1 = k(x+1)$,

当 $k = 0$ 时, 直线 l 的方程为 $y = 1$, 此时直线 l 与抛物线只有一个公共点.

当 $k \neq 0$ 时, 与抛物线方程联立消去 x, 得 $ky^2 - 2y + 2k + 2 = 0$,

则 $\Delta = 4 - 4k(2k+2) = 0$, 解得 $k = \dfrac{-1 \pm \sqrt{3}}{2}$.

故所求直线 l 的方程为 $(\sqrt{3}-1)x - 2y + \sqrt{3} + 1 = 0$ 或 $(\sqrt{3}+1)x + 2y + \sqrt{3} - 1 = 0$.

综上, 直线 l 的方程为 $y = 1$ 或 $(\sqrt{3}-1)x - 2y + \sqrt{3} + 1 = 0$ 或 $(\sqrt{3}+1)x + 2y + \sqrt{3} - 1 = 0$.

✏️ 易错点6　忽视一元二次方程根的判别式

例15　已知椭圆: $\dfrac{x^2}{4} + y^2 = 1$, 过定点 $M(0,2)$ 的直线 l 与椭圆相交于不同两点 A, B, 且 $\angle AOB$ 为锐角(其中 O 为坐标原点), 求直线 l 的斜率 k 的取值范围.

【错解】由题意得直线 l 的斜率存在且不为 0, 设直线 l 的方程为 $y = kx + 2(k \neq 0)$, $A(x_1, y_1)$, $B(x_2, y_2)$, 将 $y = kx + 2$ 代入椭圆方程,

化简得 $(1 + 4k^2)x^2 + 16kx + 12 = 0$,

由一元二次方程根与系数的关系, 得 $x_1 + x_2 = -\dfrac{16k}{1+4k^2}$, $x_1 \cdot x_2 = \dfrac{12}{1+4k^2}$,

因为 $\angle AOB$ 为锐角, 所以 $\overrightarrow{OA} \cdot \overrightarrow{OB} = x_1 x_2 + y_1 y_2 > 0$,

解得 $-2 < k < 2$.

所以直线 l 的斜率 k 的取值范围是 $(-2, 0) \cup (0, 2)$.

【错析】运用"方程的根的判别式"是判断直线与圆锥曲线是否有交点的重要方法,但在解决直线与圆锥曲线相交的问题时,没有考虑方程根的判别式,导致解题错误.

【正解】显然直线 $x=0$ 不满足题设条件.

设直线 l 的方程为 $y=kx+2(k\neq 0)$,$A(x_1,y_1)$,$B(x_2,y_2)$,将 $y=kx+2$ 代入椭圆方程,化简得 $(1+4k^2)x^2+16kx+12=0$.

由于直线与椭圆相交于不同两点,所以方程 $(1+4k^2)x^2+16kx+12=0$,

$\Delta=(16k)^2-4\times 12(1+4k^2)=16(4k^2-3)>0$,解得 $k>\dfrac{\sqrt{3}}{2}$ 或 $k<-\dfrac{\sqrt{3}}{2}$.

由一元二次方程根与系数的关系,得 $x_1+x_2=-\dfrac{16k}{1+4k^2}$,$x_1\cdot x_2=\dfrac{12}{1+4k^2}$,

因为 $\angle AOB$ 为锐角,所以 $\overrightarrow{OA}\cdot\overrightarrow{OB}=x_1x_2+y_1y_2>0$,

又 $y_1\cdot y_2=(kx_1+2)(kx_2+2)=k^2x_1x_2+2k(x_1+x_2)+4$,

所以 $(1+k^2)x_1x_2+2k(x_1+x_2)+4=\dfrac{4(4-4k^2)}{1+4k^2}>0$,

解得 $-2<k<2$.

综上可知,k 的取值范围是 $\left(-2,-\dfrac{\sqrt{3}}{2}\right)\cup\left(\dfrac{\sqrt{3}}{2},2\right)$.

例16 已知双曲线 $x^2-\dfrac{y^2}{2}=1$,过 $P(1,1)$ 能否作一条直线 l 与双曲线交于 A,B 两点,且 P 为线段 AB 的中点?

【错解】能作直线 l 满足条件,设 $A(x_1,y_1)$,$B(x_2,y_2)$,则有 $x_1^2-\dfrac{y_1^2}{2}=1$,$x_2^2-\dfrac{y_2^2}{2}=1$,化简得 $\dfrac{y_1-y_2}{x_1-x_2}=\dfrac{2(x_1+x_2)}{y_1+y_2}$,因为 AB 的中点为 $P(1,1)$,所以 $x_1+x_2=2$,$y_1+y_2=2$,得 $k_{AB}=\dfrac{y_1-y_2}{x_1-x_2}=2$,直线 l 的方程为 $y-1=2(x-1)$,即存在直线 l,其方程为 $y=2x-1$.

【错析】以上解法忽视了对直线 l 的存在性的检验,即对一元二次方程根的判别式的检验.

【正解】设 $A(x_1,y_1)$,$B(x_2,y_2)$,则有 $x_1^2-\dfrac{y_1^2}{2}=1$,$x_2^2-\dfrac{y_2^2}{2}=1$,化简得 $\dfrac{y_1-y_2}{x_1-x_2}=$

$\dfrac{2(x_1+x_2)}{y_1+y_2}$，因为 AB 的中点为 $P(1,1)$，所以 $x_1+x_2=2$，$y_1+y_2=2$，得 $k_{AB}=\dfrac{y_1-y_2}{x_1-x_2}=2$，直线 l 的方程为 $y-1=2(x-1)$，即 $y=2x-1$. 把直线 $y=2x-1$ 代入双曲线方程 $x^2-\dfrac{y^2}{2}=1$ 中得 $2x^2-4x+3=0$，其判别式 $\Delta=(-4)^2-4\times2\times3<0$，即直线与双曲线无公共点，不存在满足条件的直线.

✎ 易错点7　忽视轨迹方程隐含条件

例17　已知椭圆 $\dfrac{x^2}{2}+y^2=1$，求斜率为 2 的平行弦的中点轨迹方程.

【错解】设弦两端点分别为 $M(x_1,y_1)$，$N(x_2,y_2)$，线段 MN 的中点 $R(x,y)$，

则 $\begin{cases} x_1^2+2y_1^2=2, \\ x_2^2+2y_2^2=2, \end{cases}$ 作差得 $(x_1+x_2)(x_1-x_2)+2(y_1+y_2)(y_1-y_2)=0$.

结合 $\begin{cases} x_1+x_2=2x, \\ y_1+y_2=2y, \end{cases}$

有 $x+2y\dfrac{y_1-y_2}{x_1-x_2}=0$.（＊）

将 $\dfrac{y_1-y_2}{x_1-x_2}=2$ 代入（＊）得所求轨迹方程为：$x+4y=0$.

【错析】本题中未考虑轨迹方程的范围.

【正解】设弦两端点分别为 $M(x_1,y_1)$，$N(x_2,y_2)$，线段 MN 的中点 $R(x,y)$，

则 $\begin{cases} x_1^2+2y_1^2=2, \\ x_2^2+2y_2^2=2, \end{cases}$ 作差得 $(x_1+x_2)(x_1-x_2)+2(y_1+y_2)(y_1-y_2)=0$.

结合 $\begin{cases} x_1+x_2=2x, \\ y_1+y_2=2y, \end{cases}$

有 $x+2y\dfrac{y_1-y_2}{x_1-x_2}=0$.（＊）

将 $\dfrac{y_1-y_2}{x_1-x_2}=2$ 代入（＊），化简得直线方程：$x+4y=0$.

联立 $\begin{cases} x+4y=0 \\ \dfrac{x^2}{2}+y^2=1 \end{cases}$，得 $x=\pm\dfrac{4}{3}$.

故所求轨迹方程为：$x+4y=0\left(-\dfrac{4}{3}<x<\dfrac{4}{3}\right)$.

例18 已知双曲线的方程为 $x^2-y^2=1$，双曲线左支上一点 $P(a,b)$ 到直线 $y=x$ 的距离是 $\sqrt{2}$，则 $a+b=$＿＿＿＿＿＿.

【错解】因为点 $P(a,b)$ 到直线 $y=x$ 的距离是 $\sqrt{2}$，所以 $\dfrac{|a-b|}{\sqrt{2}}=\sqrt{2}$，所以 $a-b=\pm2$. 又 $a^2-b^2=1$，所以 $(a+b)(a-b)=1$，故 $a+b=\pm\dfrac{1}{2}$.

【错析】忽视了 $P(a,b)$ 在双曲线左支上.

【正解】因为点 $P(a,b)$ 到直线 $y=x$ 的距离是 $\sqrt{2}$，所以 $\dfrac{|a-b|}{\sqrt{2}}=\sqrt{2}$，所以 $a-b=\pm2$. 又点 $P(a,b)$ 在双曲线左支上，所以 $a-b=-2$.

又 $a^2-b^2=1$，所以 $(a+b)(a-b)=1$，故 $a+b=-\dfrac{1}{2}$.

 典型易错题训练

1. 若方程 $\dfrac{x^2}{8-k}+\dfrac{y^2}{k-6}=1$ 表示椭圆，则 k 的取值范围为＿＿＿＿＿＿.

2. 经过点 $(2,4)$ 的抛物线的标准方程为＿＿＿＿＿＿.

3. 已知 $F_1(-2,0)$，$F_2(2,0)$，点 P 满足 $|PF_1|-|PF_2|=2$，则点 P 的轨迹方程为＿＿＿＿＿＿.

4. 抛物线 $y^2=2x$ 上的两点 A、B 到焦点的距离和是5，则线段 AB 的中点到 y 轴的距离为＿＿＿＿＿＿.

5. 已知椭圆的标准方程为 $\dfrac{x^2}{36}+\dfrac{y^2}{k^2}=1(k>0)$，并且焦距为8，则实数 k 的值为＿＿＿＿＿＿.

6.已知点 $Q(2\sqrt{2},0)$ 及抛物线 $y=\dfrac{x^2}{4}$ 上一动点 $P(x,y)$,则 $y+|PQ|$ 的最小值是_____.

7.直线 $y-kx-1=0$ 与椭圆 $\dfrac{x^2}{5}+\dfrac{y^2}{m}=1$ 恒有公共点,则 m 的取值范围是_____.

8.在双曲线 $\dfrac{x^2}{9}-\dfrac{y^2}{4}=1$ 中,被点 $P(2,1)$ 平分的弦所在的直线方程是( ).

A.$8x-9y=7$ 　　　　　　　　　　B.$8x+9y=25$

C.$4x+9y=6$ 　　　　　　　　　　D.不存在

9.若直线 $y=kx+2$ 与双曲线 $x^2-y^2=6$ 的右支有两个不同的交点,则 k 的取值范围是_____.

10.已知直线 l 与抛物线 $x^2=2py(p>0)$ 只有一个交点,则直线 l 与抛物线的位置关系是( ).

A.相交 　　　　　　　　　　B.相切

C.相离 　　　　　　　　　　D.相交或相切

11.过点 $(0,1)$ 作直线,使其与抛物线 $y^2=4x$ 仅有一个公共点,这样的直线有( ).

A.1条　　　　　　B.2条　　　　　　C.3条　　　　　　D.0条

12.求抛物线 $y=4x^2$ 的焦点坐标.

13.试确定 m 的取值范围,使得椭圆 $\dfrac{x^2}{4}+\dfrac{y^2}{3}=1$ 上有不同的两点关于直线 $y=4x+m$ 对称.

主题4

概率与统计

4.1　计数原理

 典型易错点分析

✎ **易错点1**　重复计数

例1　学校开设A类选修课3门，B类选修课4门，一位同学从中共选3门，若要求两类课程中各至少选一门，则不同选法共有多少种？

【错解】A类选一门，B类选一门，再从剩余5门中选一门 $C_3^1 \cdot C_4^1 \cdot C_5^1 = 60$ 种．

【错析】重复计数致误．

【正解】分两种情况：①2门A，1门B，有 $C_3^2 \cdot C_4^1 = 12$ 种；②1门A，2门B有 $C_3^1 \cdot C_4^2 = 18$ 种，共有12+18=30种．

✎ **易错点2**　对局部排序理解有误

例2　7人站成一排，其中甲在乙的左边，丙在乙的右边，三人可以不相邻，共有_____种不同的排法．

【错解】$C_2^1 A_4^4 = 48$．

【错析】对局部排序理解有误，误以为是4人排序．

【正解】该问题可以看成有7个位置,每个位置上坐1个人.

方法一:由除甲、乙、丙之外的其余4人先坐,有$C_7^4 \cdot A_4^4 = 840$种坐法,剩下三个位置甲、乙、丙坐,仅有1种坐法.

根据分步乘法计数原理,共有$840 \cdot 1 = 840$种不同的排法.

方法二:将7人全排列有A_7^7种排法,其中甲、乙、丙的排法有A_3^3种,

而根据题意,甲、乙、丙的排法只有1种,所以总的排法有$\dfrac{A_7^7}{A_3^3} = 840$(种).

✎ 易错点3 "均分"未消序

例3 若将4名医生志愿者分配到两家医院(每人去一家医院,每家医院至少去1人),则共有_____种分配方案.

【错解】先将4名医生分成2组,再分配到两家医院.分组时有1+3和2+2两种分组方法,所以共有$C_4^3 \cdot A_2^2 + C_4^2 \cdot A_2^2 = 20$种.

【错析】忽略2+2是平均分组问题.

【正解】1+3的分组分配方法是$C_4^3 \cdot A_2^2 = 8$种,而2+2是平均分组问题,分组分配方法是$\dfrac{C_4^2 \cdot C_2^2}{A_2^2} \cdot A_2^2 = 6$种,所以共有8+6=14种.

✎ 易错点4 忽视0的特殊性

例4 用0,2,3,4,5五个数字,组成没有重复数字的三位数,其中偶数共有多少种?

【错解】从0、2、4三个偶数中选一个放在个位,$C_3^1 = 3$,从剩余的4个数字中选2个排序作为百位和十位,$A_4^2 = 12$,所以有$C_3^1 \cdot A_4^2 = 36$种.

【错析】0不能排在首位.

【正解】0为特殊元素,应该优先安排,分为两类:①0排在个位,有$A_4^2 = 12$种.②0不在个位,先安排个位,从2和4中选一个C_2^1,再考虑百位,除0和个位上的

数外还剩三个,从这三个中选一个 C_3^1,最后考虑十位,从剩下三个数中选一个 C_3^1,有 $C_2^1 \cdot C_3^1 \cdot C_3^1 = 18$ 种,所以两类一共有 30 种.

✎ 易错点5 分步乘法原理中,分步标准错误

例5 把 3 个不同的小球投入到 4 个盒子,所有可能的投法共有(   ).

A.24 种　　　　　B.4 种　　　　　C.4^3 种　　　　　D.3^4 种

【错解】因为每个盒子有 3 种投入方法,共 4 个盒子,所以共有 $3 \times 3 \times 3 \times 3 = 3^4$(种)投法.

【错析】没有考虑每个球只能投入一个盒子中,分步标准错误.

【正解】第 1 个球投入盒子中有 4 种投法,第 2 个球投入盒子中也有 4 种投法,第 3 个球投入盒子中也有 4 种投法.只要把这 3 个球投完,就做完了这件事情,由分步乘法计数原理可得共有 4^3 种方法.

✎ 易错点6 以为二项展开式的通项中 C_n^r 对应第 r 项致错

例6 $\left(x^2 + \dfrac{2}{x}\right)^6$ 的展开式中常数项是第_____项.

【错解】$T_{r+1} = C_6^r \cdot (x^2)^{6-r} \cdot \left(\dfrac{2}{x}\right)^r = C_6^r \cdot x^{12-2r}(2)^r \cdot x^{-r} = C_6^r (2)^r \cdot x^{12-3r}$,

当 $12-3r=0$,解得 $r=4$,常数项是第四项.

【错析】以为 C_n^r 对应第 r 项.

【正解】解得 $r=4$,所以 $r+1=5$,常数项是第五项.

✎ 易错点7 混淆"二项式系数"和"系数"

例7 求 $\left(x^2 - \dfrac{1}{2x}\right)^9$ 展开式中 x^9 的系数.

【错解】$T_{r+1}=C_9^r(x^2)^{9-r}\left(-\dfrac{1}{2x}\right)^r=C_9^rx^{18-2r}\left(-\dfrac{1}{2}\right)^rx^{-r}=C_9^r\left(-\dfrac{1}{2}\right)^rx^{18-3r}$,令 $18-3r=9$,则 $r=3$,故 x^9 的系数为 $C_9^3=84$.

【错析】混淆"二项式系数"和"系数".

【正解】因为 $r=3$,故 x^9 的系数为 $C_9^3\left(-\dfrac{1}{2}\right)^3=-\dfrac{21}{2}$.

✏️ **易错点8　混淆"有理项"和"常数项"**

例8　求二项式 $(\sqrt{x}-\sqrt[3]{x})^9$ 展开式中的有理项.

【错解】$T_{r+1}=C_9^r\left(x^{\frac{1}{2}}\right)^{9-r}\left(-x^{\frac{1}{3}}\right)^r=(-1)^rC_9^rx^{\frac{27-r}{6}}$,令 $\dfrac{27-r}{6}=0(0\leqslant r\leqslant 9)$,无解.

【错析】混淆"有理项"和"常数项".

【正解】$T_{r+1}=C_9^r\left(x^{\frac{1}{2}}\right)^{9-r}\left(-x^{\frac{1}{3}}\right)^r=(-1)^rC_9^rx^{\frac{27-r}{6}}$,令 $\dfrac{27-r}{6}\in Z(0\leqslant r\leqslant 9)$,得 $r=3$ 或 $r=9$,

所以当 $r=3$ 时,$\dfrac{27-r}{6}=4$,$T_4=(-1)^3C_9^3x^4=-84x^4$,

当 $r=9$ 时,$\dfrac{27-r}{6}=3$,$T_{10}=(-1)^3C_9^9x^3=-x^3$.

✏️ **易错点9　混淆"二项式系数之和"与"展开式系数之和"**

例9　已知 $\left(x+\dfrac{3}{x}\right)^n$ 的展开式中各项的二项式系数和为256,则这个展开式中 x^4 项的系数是_____.

【错解】令 $x=1$,即 $4^n=256$,则 $n=4$,展开式的通项为 $T_{r+1}=C_4^rx^{4-r}\left(\dfrac{3}{x}\right)^r=C_4^r\cdot 3^r\cdot x^{4-2r}(r\in N,r\leqslant 4)$,由 $4-2r=4$ 得 $r=0$,所以所求系数是1.

【错析】混淆"二项式系数之和"与"展开式系数之和".

【正解】依题意 $2^n=256$，则 $n=8$，展开式的通项为 $T_{r+1}=C_8^r x^{8-r}\left(\dfrac{3}{x}\right)^r=C_8^r\cdot 3^r\cdot x^{8-2r}(r\in\mathbf{N},r\leqslant 8)$，由 $8-2r=4$，得 $r=2$，所以所求答案为 252.

易错点10　混淆"二项式系数最大项"和"展开式系数最大项"

例10　已知 $\left(\sqrt{x}+\dfrac{2}{x^2}\right)^n$ 的展开式中，第五项的系数与第三项的系数之比为 $10:1$，求展开式中系数最大的项是第几项.

【错解】由题意知，第五项系数为 $C_n^4 2^4$，第三项的系数为 $C_n^2 2^2$，则有 $\dfrac{C_n^4 2^4}{C_n^2 2^2}=\dfrac{10}{1}$，所以 $n=8$，由 $n=8$ 知第五项的二项式系数最大.

【错析】混淆"二项式系数最大项"和"展开式系数最大项".

【正解】$n=8$，若第 $r+1$ 项的系数最大，则 $\begin{cases}C_8^{r-1}\cdot 2^{r-1}\leqslant C_8^r\cdot 2^r\\ C_8^{r+1}\cdot 2^{r+1}\leqslant C_8^r\cdot 2^r\end{cases}$，解得 $5\leqslant r\leqslant 6$，所以系数最大项是第六项和第七项.

典型易错题训练

1.7个人并排站成一行，如果甲乙两个必须不相邻，那么不同的排法有（　　）种.

　　A.1 440　　　　　B.3 600　　　　　C.4 820　　　　　D.4 800

2.5个节目已经排成节目单，开演前又增加了2个新节目，如将这2个节目插入原节目单中，那么不同插法的种类为_____种.

3.3封信投入4个不同的信箱中，共有_____种不同的投法.

4.上海某医院安排5名专家到3个不同的区级医院支援，每名专家只去一个区级医院，每个区级医院至少安排一名专家，则不同的安排方法共有（　　）.

　　A.60种　　　　　B.90种　　　　　C.150种　　　　　D.240种

5. $\left(\sqrt{x}+\dfrac{2}{x}\right)^6$ 展开式中的常数项为_____；常数项的二项式系数为_____.

6. 若 $\left(\sqrt[3]{x}+\dfrac{1}{x}\right)^n$ 的展开式中只有第4项的二项式系数最大，则二项展开式中有理项系数之和为_____.

7. $(1+2x)^7$ 的展开式中系数最大的项的系数为_____.

8. 二项式 $\left(x-\dfrac{1}{x}\right)^4$ 的展开式中，第2项的系数为（　　）.

A.4　　　　　　B.-4　　　　　　C.6　　　　　　D.-6

9. 由 $0,1,2,5$ 四个数组成没有重复数字的四位数中，能被5整除的有（　　）个.

A.24　　　　　　B.12　　　　　　C.10　　　　　　D.6

4.2 概　率

 典型易错点分析

易错点 1　互斥事件与对立事件概念不清

例 1　从数学必修一、二和政治必修一、二共四本书中任取两本书,那么互斥而不对立的两个事件是(　　).

A.至少有一本政治与都是数学　　　B.至少有一本政治与都是政治

C.至少有一本政治与至少有一本数学　D.恰有一本政治与恰有两本政治

【错解】A.

【错析】对两类事件的概念理解不清.

【正解】互斥事件是指事件 A 与事件 B 在一次实验中不会同时发生,而对立事件是指事件 A 与事件 B 在一次实验中有且只有一个发生,因此,对立事件一定是互斥事件,但互斥事件不一定是对立事件.从装有两本数学和两本政治的四本书内任取两本书,可能的结果有:"两本政治""两本数学""一本数学一本政治".

"至少有一本政治"包含事件:"两本政治""一本数学一本政治".

对于选项 A,事件"至少有一本政治"与事件"都是数学"是对立事件,故 A 错误;

对于选项 B,事件"至少有一本政治"包含事件"都是政治",两个事件是包含关系,不是互斥事件,故 B 错误;

对于选项 C,事件"至少有一本数学"包含事件"两本数学"和"一本数学一本政治",因此两个事件都包含事件"一本数学一本政治",不是互斥事件,故 C 错误;

对于选项 D,"恰有一本政治"表示事件"一本数学一本政治",与事件"恰有两本政治"是互斥事件,但是不对立,故 D 正确.

易错点2 使用概率加法公式时没有注意成立条件

例2 掷一枚均匀的正六面体骰子,设 A 表示事件"出现偶数点",B 表示事件"出现5点或6点",则 $P(A \cup B)$ 等于( ).

A. $\dfrac{1}{2}$ 　　　　B. $\dfrac{2}{3}$ 　　　　C. $\dfrac{5}{6}$ 　　　　D. $\dfrac{1}{3}$

【错解】$P(A)=\dfrac{1}{2}$,$P(B)=\dfrac{1}{3}$,$P(A \cup B)=\dfrac{1}{2}+\dfrac{1}{3}=\dfrac{5}{6}$.

【错析】忽略了当 A 与 B 互斥时,才可以使用概率加法公式.

【正解】由古典概型的概率公式得 $P(A \cup B)=\dfrac{4}{6}=\dfrac{2}{3}$.

易错点3 对有序、无序判断不准

例3 一个口袋中有大小相同的3个黑球和2个白球,从中不放回地依次摸出2个,求其中含有黑球的概率.

【错解】"含有黑球"的对立事件是"全为白球",$P(A)=1-\dfrac{C_2^2}{C_5^1 \times C_4^1}=\dfrac{19}{20}$.

【错析】古典概率计算时分子分母应按同一标准计数(有序或无序),本题为有序.

【正解】$P(A)=1-\dfrac{C_2^1 C_1^1}{C_5^1 \times C_4^1}=\dfrac{9}{10}$.

易错点4 忽略了概率非负的性质

例4 若随机事件 A,B 互斥,A,B 发生的概率均不等于0,且分别为 $P(A)=3-2a$,$P(B)=5a-6$,则实数 a 的取值范围为_____.

【错解】$P(A)+P(B)\leqslant 1$，即 $a\leqslant\dfrac{4}{3}$.

【错析】忽略 A，B 发生的概率均非负.

【正解】因为随机事件 A，B 互斥，且分别为 $P(A)=3-2a$，$P(B)=5a-6$，

则 $\begin{cases}0<P(A)<1\\0<P(B)<1\\P(A)+P(B)\leqslant 1\end{cases}$，即 $\begin{cases}0<3-2a<1\\0<5a-6<1,\\3a-3\leqslant 1\end{cases}$

解得 $\dfrac{6}{5}<a\leqslant\dfrac{4}{3}$.

✏ 易错点5　对"基本事件"概念理解不清

例5　先后抛掷3枚硬币，出现"两个正面，一个反面"的概率为_____.

【错解】所有的基本事件有"三正""两正一反""两反一正""三反"，所以出现"两正一反"的概率为 $\dfrac{1}{4}$.

【错析】没有理解"基本事件"的概念，所列举出的事件不是等可能的.

【正解】所有的基本事件有（正，正，正），（正，正，反），（正，反，正），（反，正，正），（正，反，反），（反，正，反），（反，反，正），（反，反，反）共八个，而"两正一反"事件含三个基本事件，所以 $P=\dfrac{3}{8}$.

✏ 易错点6　利用古典概型求概率时考虑问题不全面

例6　箱子中有6件产品，其中4件正品，2件次品，每次随机取出1件检验，直到把所有次品检验出停止，求检验4次停止检验的概率.

【错解】$P=\dfrac{C_2^1 A_3^1 A_4^2}{A_6^4}=\dfrac{1}{5}$.

【错析】忽略前4次全是正品的情况.

【正解】$P=\dfrac{C_2^1 A_3^1 A_4^2 + A_4^4}{A_6^4}=\dfrac{4}{15}$.

✏ 易错点7　对"条件概率"的概念理解不透彻

例7　已知盒中装有3只螺口灯泡与9只卡口灯泡,这些灯泡的外形都相同且灯口向下放置,现需要一只卡口灯泡,电工师傅每次从中任取一只且不放回,则在他第1次抽到螺口灯泡的条件下,第2次抽到卡口灯泡的概率为(　　).

A.$\dfrac{1}{4}$　　　　　　B.$\dfrac{9}{44}$　　　　　　C.$\dfrac{9}{11}$　　　　　　D.$\dfrac{7}{9}$

【错解】选B,$P=\dfrac{3\times 9}{12\times 11}=\dfrac{9}{44}$.

【错析】对"条件概率"的概念理解不透彻.

【正解】选C,设事件A为"第1次抽到螺口灯泡",事件B为"第2次抽到卡口灯泡",则在第1次抽到螺口灯泡的条件下,第2次抽到卡口灯泡的概率

$$P(B\,|\,A)=\dfrac{P(AB)}{P(A)}=\dfrac{\dfrac{3\times 9}{12\times 11}}{\dfrac{3}{12}}=\dfrac{9}{11}.$$

✏ 易错点8　离散型随机变量分布列中忽视所有事件概率和为1

例8　若随机变量X满足$P(X=i)=\dfrac{a}{i(i+1)}$ $(i=1,2,3,4)$,则$P(X>\sqrt{5})=$____

____.

【错解】$P(X>\sqrt{5})=P(X=3)+P(X=4)=\dfrac{a}{12}+\dfrac{a}{20}=\dfrac{2a}{15}$.

【错析】没有求出a的值.

【正解】$P(X=i)=\dfrac{a}{i(i+1)}$ $(i=1,2,3,4)$,$\dfrac{a}{1\times 2}+\dfrac{a}{2\times 3}+\dfrac{a}{3\times 4}+\dfrac{a}{4\times 5}=1$,所以

$$a=\frac{5}{4}, P(X>\sqrt{5})=P(X=3)+P(X=4)=\frac{a}{12}+\frac{a}{20}=\frac{2a}{15}=\frac{1}{6}.$$

✏️ **易错点9   对相互独立事件理解有误**

例9 （多选）国庆节期间,某商场搞促销活动,商场准备了两个装有卡片的盒子,甲盒子中有4张红色卡片、2张绿色卡片,乙盒子中有5张红色卡片、3张绿色卡片(这14张卡片除颜色外,大小、形状完全相同).顾客购物满500元即可参加抽奖,其规则如下:顾客先从甲盒子中随机取出1张卡片放入乙盒子,再从乙盒子中随机取出1张卡片,记"在甲盒子中取出的卡片是红色卡片"为事件N_1,"在甲盒子中取出的卡片是绿色卡片"为事件N_2,"从乙盒子中取出的卡片是红色卡片"为事件M,若事件M发生,则该顾客中奖,否则不中奖.则有(   ).

A.N_1与N_2是互斥事件   B.$P(N_1M)=\frac{2}{3}$

C.$P(M)=\frac{17}{27}$ D.N_2与M相互独立

【错解】ACD,从甲盒子中摸一张卡片,红色卡片与绿色卡片不可能同时出现,所以N_1与N_2是互斥事件,故A正确;

由题意知$P(N_1)=\frac{2}{3}, P(N_2)=\frac{1}{3}$,所以$P(N_1M)=P(N_1)\cdot P(M|N_1)=\frac{2}{3}\times\frac{6}{9}=\frac{4}{9}$,故B错误;

$P(N_2M)=P(N_2)\cdot P(M|N_2)=\frac{1}{3}\times\frac{5}{9}=\frac{5}{27}$,所以$P(M)=P(N_1M)+P(N_2M)=\frac{4}{9}+\frac{5}{27}=\frac{17}{27}$,故C正确;

从字面意思感觉N_2与M相互独立,故D正确.

【错析】两事件相互独立是指一个事件的发生不会影响另一个事件的发生或不发生,即两者互不影响,或用公式$P(AB)=P(A)P(B)$判断.

【正解】AC,因为$P(N_2)\cdot P(M)=\frac{1}{3}\times\frac{17}{27}=\frac{17}{81}\neq P(N_2M)$,故D错误.

易错点10 混淆超几何分布和二项分布

例10 (多选)某工厂进行产品质量抽测,两位员工随机从生产线上各抽取数量相同的一批产品,已知在两人抽取的产品中均有5件次品,员工A从其抽取的一批产品中有放回地随机抽取3件产品,员工B从其抽取的一批产品中无放回地随机抽取3件产品.设员工A抽取到的3件产品中次品数量为X,员工B抽取到的3件产品中次品数量为Y,$k=0,1,2,3$.则下列判断正确的是( ).

A.随机变量X服从超几何分布   B.随机变量Y服从超几何分布

C.$P(X=k)<P(Y=k)$ D.$E(X)=E(Y)$

【错解】A D.

【错析】混淆超几何分布和二项分布的概念.

【正解】员工A有放回地抽取3件产品,是独立重复试验,X服从二项分布,员工B无放回地抽取3件产品,由超几何分布的概念可知B正确;设两位员工从生产线上各抽取的产品数量为M件,则对于D选项,$E(Y)=\sum_{k=0}^{3}\dfrac{kC_{M-5}^{3-k}C_5^k}{C_M^3}=$

$\sum_{k=1}^{3}\dfrac{kC_{M-5}^{3-k}C_5^k}{C_M^3}=\dfrac{15(M-1)(M-2)}{M(M-1)(M-2)}=\dfrac{15}{M}$,$E(X)=3\cdot\dfrac{5}{M}=\dfrac{15}{M}$,故D正确;对于C选项,假若C正确可得$E(X)<E(Y)$,与D矛盾,故C错误.选BD正确.

易错点11 对正态分布的性质理解错误

例11 设随机变量X服从正态分布$N(1,4)$,若$P(X>a+1)=P(X<2a-5)$,求a.

【错解】由$P(X>a+1)=P(X<2a-5)$,所以$a+1=2a-5$,得$a=6$.

【错析】对正态分布的性质理解错误.

【正解】由$P(X>a+1)=P(X<2a-5)$,所以$X=a+1$与$X=2a-5$关于$X=1$对称,得$a=2$.

典型易错题训练

1.某省高考实行新方案.新高考方案规定:语文、数学、英语是必考科目,考生还需从思想政治、历史、地理、物理、化学、生物6个等级考试科目中选取3个作为选考科目.某考生已经确定将物理作为自己的选考科目,然后只需从剩下的5个等级考试科目中再选择2个组成自己的选考方案,则该考生"选择思想政治、化学"和"选择生物、地理"为(   ).

  A.相互独立事件   B.对立事件

  C.不是互斥事件   D.互斥事件但不是对立事件

2.假定生男生女是等可能的,某家庭有3个孩子,其中有1名女孩,则其中至少有1个男孩的概率为_____.

3.某地最近出台一项机动车驾照考试规定:每位考试者一年之内最多有四次参加考试的机会,一旦某次考试通过,便可领取驾照,不再参加以后的考试,否则就一直考满四次为止.如果李明决定参加驾照考试,设他每次参加考试通过的概率依次为0.6,0.7,0.8,0.9,求在一年内李明参加驾照考试的次数X的分布列.

4.某农场计划种植某种新作物,为此对这种作物的两个品种(分别称为品种甲和品种乙)进行田间试验.现在总共8小块地中,随机选4小块地种植品种甲,另外4小块地种植品种乙,种植完成后若随机选出4块地,其中种植品种甲的小块地的数目记为X,求$P(X=2)$.

5.抛掷一均匀的正方体玩具(各面分别标有数字1、2、3、4、5、6),事件A表示"朝上一面的数是奇数",事件B表示"朝上一面的数不超过3",求$P(A\cup B)$.

6.在一次测试中,高三学生数学成绩ξ服从正态分布$N(80,\sigma^2)$,已知$P(60<\xi<80)=0.3$,若按成绩分层抽样的方式取100份试卷进行分析,则应从100分以下的试卷中抽取(   ).

  A.20份   B.60份   C.80份   D.90份

7.甲、乙两人争夺一场围棋比赛的冠军,若比赛为"三局两胜"制,甲在每局比赛中获胜的概率均为$\dfrac{3}{4}$,各局比赛结果相互独立且没有平局,则在甲获得冠军的情况下,比赛进行了三局的概率为(　　).

A.$\dfrac{1}{3}$　　　　　　B.$\dfrac{2}{5}$　　　　　　C.$\dfrac{2}{3}$　　　　　　D.$\dfrac{4}{5}$

8.甲口袋中有3个红球,2个白球和5个黑球,乙口袋中有3个红球,3个白球和4个黑球,先从甲口袋中随机取出一球放入乙口袋,分别以A_1,A_2和A_3表示由甲口袋取出的球是红球、白球和黑球的事件;再从乙口袋中随机取出一球,以B表示由乙口袋取出的球是红球的事件,则下列结论中正确的是(　　).

A.$P(B|A_2)=\dfrac{4}{11}$　　　　　　　　B.事件A_1与事件B相互独立

C.$P(A_3|B)=\dfrac{1}{2}$　　　　　　　　D.$P(B)=\dfrac{3}{10}$

9.某地区空气质量监测资料表明,一天的空气质量为优良的概率是0.75,连续两天为优良的概率是0.6,已知某天的空气质量为优良,则随后一天的空气质量为优良的概率是_____.

10.甲、乙两人去某公司应聘.该公司的面试方案为:应聘者从6道备选题中一次性随机抽取3道题,按照答对题目的个数为标准进行筛选.已知6道备选题中应聘者甲有4道题能正确完成,2道题不能完成;应聘者乙每题正确完成的概率都是$\dfrac{2}{3}$,且每题正确完成与否互不影响.

(1)分别求甲、乙两人正确完成面试题数的分布列;

(2)请分析比较甲、乙两人谁的面试通过的可能性较大.

4.3 统 计

 典型易错点分析

易错点1 使用频率分布直方图解题时错把纵坐标当成频率

例1 某工厂对一批产品进行了抽样检测,右图是根据抽样检测后的产品净重(单位: g)数据绘制的频率分布直方图,其中产品净重的范围是$[96,106]$,样本数据分组为$[96,98)$,$[98,100)$,$[100,102)$,$[102,104)$,$[104,106]$,已知样本中产品净重小于 100 g 的个数是 36 个,求样本容量.

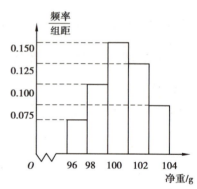

【错解】产品净重小于 100 g 的概率为 $0.050+0.100=0.15$,已知样本中产品净重小于 100 g 的个数是 36 个,设样本容量为 n,所以 $n=240$.

【错析】直方图的纵坐标不是频率,矩形的面积才是频率.

【正解】产品净重小于 100 g 的概率为 $2×(0.050+0.100)=0.3$,已知样本中产品净重小于 100 g 的个数是 36 个,设样本容量为 n,所以 $n=120$.

易错点2 对频率分布直方图中平均数理解错误

例2 某校为了解学生体能素质,随机抽取了 50 名学生进行体能测试,并将这 50 名学生成绩整理得如下所示频率分布直方图.根据此频率分布直方图,求这 50 名学生的平均成绩.(同一组中的数据用该组区间的中点值作代表.)

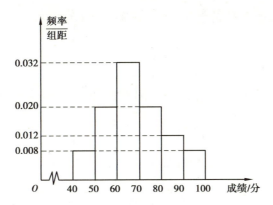

【错解】$\overline{x}=(0.08\times45+0.2\times55+0.32\times65+0.2\times75+0.12\times85+0.08\times95)\div50=$

$1.364.$

【错析】错误理解频率分布直方图的平均数的计算公式.

【正解】$\overline{x}=0.08\times45+0.2\times55+0.32\times65+0.2\times75+0.12\times85+0.08\times95=68.2.$

✏️ **易错点3 对一组数据总体百分位数的估计理解有误**

例3 一个容量为20的样本,其数据按从小到大的顺序排列为1,2,2,3,5,6,6,7,8,8,9,10,13,13,14,15,17,17,18,18,则该组数据的第75百分位数为_____,第86百分位数为_____.

【错解】因为75%×20=15,所以第75百分位数为第15项数据14.

因为86%×20=17.2.所以第86百分位数为第18项数据17.

【错析】对总体百分位数的估计理解有误.

【正解】因为75%×20=15是整数,从小到大排列后,第75百分位数为第15项数14和第16项数15的平均数,即(14+15)÷2=14.5.

因为86%×20=17.2不是整数,第86百分位数为第18项数据17.

✏️ **易错点4 对频率分布直方图中百分位数理解有误**

例4 随机抽取100名学生,测得他们的身高(单位:cm),按照区间[160,165),[165,170),[170,175),[175,180),[180,185)分组,得到频率分布直方图如下图所示.求该100名学生身高的第75百分位数.

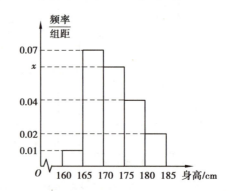

【错解】由频率分布直方图可知 $5\times(0.01+0.07+x+0.04+0.02)=1$,解得 $x=0.06$,身高在 $[180,185)$ 的人数占比为 $5\times0.02=10\%$,身高在 $[175,180)$ 的人数占比为 $5\times0.04=20\%$,所以该100名学生身高的第75百分位数落在 $[175,180)$ 内,取区间中间值177.5.

【错析】对频率分布直方图中百分位数理解有误.

【正解】设该100名学生身高的第75百分位数为 m,则 $0.04(180-m)+0.1=25\%$,解得 $m=176.25$,故该100名学生身高的第75百分位数为176.25.

📝 **易错点5 混淆相关系数和决定系数**

例5 下列命题中正确的命题是(　　).

A.如果两个变量的相关性越强,则相关性系数 r 就越接近于1

B.当相关性系数 $r>0$ 时,两个变量正相关

C.残差图中残差点所在的水平带状区域越宽,则回归方程的预报精确度越高

D.甲、乙两个模型的 R^2 分别约为0.88和0.80,则模型乙的拟合效果更好

【错解】A.

【错析】相关系数:$|r|$ 越接近于1,表明两个变量的线性相关性越强;$|r|$ 越接近于0,表明两个变量的线性相关性越弱.决定系数:$0\leqslant R^2\leqslant1$,越接近于1,表示回归的效果越好.

【正解】C.

易错点6 对经验回归直线理解有误

例6 某研究机构对儿童记忆能力 x 和识图能力 y 进行统计分析,得到如下数据:

记忆能力 x	4	6	8	10
识图能力 y	3	5	6	8

由表中数据,求得经验回归方程 $\hat{y}=\dfrac{4}{5}x+\hat{a}$,若某儿童的记忆能力为12,则他的识图能力约为_____.

【错解】点 $(4,3)$ 在直线 $\hat{y}=\dfrac{4}{5}x+\hat{a}$ 上,得 $\hat{a}=-\dfrac{1}{5}$,即经验回归方程为 $\hat{y}=\dfrac{4}{5}x-\dfrac{1}{5}$,所以当 $x=12$ 时,$\hat{y}=9.4$.

【错析】经验回归直线必过点 $(\bar{x},\bar{y})$.

【正解】$\bar{x}=\dfrac{4+6+8+10}{4}=7,\bar{y}=\dfrac{3+5+6+8}{4}=5.5$,点 $(\bar{x},\bar{y})$ 在直线 $\hat{y}=\dfrac{4}{5}x+\hat{a}$ 上,得 $\hat{a}=-\dfrac{1}{10}$,即经验回归方程为 $\hat{y}=\dfrac{4}{5}x-\dfrac{1}{10}$,所以当 $x=12$ 时,$\hat{y}=9.5$.

易错点7 对独立性检验的检验规则理解有误

例7 通过随机询问110名不同的大学生是否爱好某项运动,得到了如下所示的列联表.参照附表,能得到的正确结论是( ).

	男	女	合计
爱好	40	20	60
不爱好	20	30	50
合计	60	50	110

附表：

α	0.05	0.010	0.001
x_α	3.841	6.635	10.828

$$\chi^2 = \frac{n(ad-bc)^2}{(a+b)(c+d)(a+c)(b+d)}, n = a+b+c+d$$

A.有99%以上的把握认为"爱好该项运动与性别有关"

B.有99%以上的把握认为"爱好该项运动与性别无关"

C.在犯错误的概率不超过0.1%的前提下,认为"爱好该项运动与性别有关"

D.在犯错误的概率不超过0.1%的前提下,认为"爱好该项运动与性别无关"

【错解】C.

【错析】不理解独立性检验的检验规则.

【正解】选A,零假设为H_0:学生爱好该项运动与性别无关.由列联表中的数据可得$\chi^2 = \frac{110\times(40\times30-20\times20)^2}{60\times50\times60\times50} \approx 7.822 > 6.635 = x_{0.010}$,所以根据小概率值$\alpha = 0.010$的独立性检验推断$H_0$不成立,故有99%以上的把握认为"爱好该项运动与性别有关".

 典型易错题训练

1.从某小区抽取100户居民进行月用电量调查,发现其月用电量都在50至350 kW·h,频率分布直方图如下图所示.在这些用户中,月用电量落在区间$[150,250)$内的户数为(　　)户.

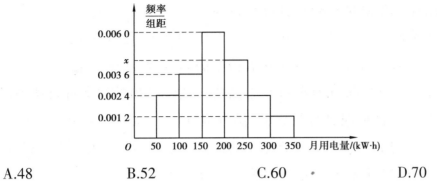

A.48 B.52 C.60 D.70

2.某校为了解该校学生的身体健康情况,从某班随机抽取20名学生进行调查,得到这20名学生的BMI指数分别是15,15.3,15.6,15.9,16.2,16.6,17.5,17.8,18.2,18.7,19.3,19.5,20.3,21.1,21.5,22.7,22.9,23.1,23.4,23.5,则这组数据的第65百分位数是_____.

3.下列说法错误的是(   ).

A.落在回归直线方程上的样本点越多,回归直线方程拟合效果越好

B.相关系数$|r|$越接近1,变量x,y相关性越强

C.相关指数R^2越小,残差平方和越大,即模型的拟合效果越差

D.若x表示女大学生的身高,y表示体重,则$R^2 \approx 0.65$表示女大学生的身高解释了65%的体重变化

4.(多选)研究发现,每天只要跑步1 min,就能够提升骨骼的健康.某中学从全校学生中随机抽取部分学生进行了一分钟跑步测试,对步数进行了统计,并进行适当分组(每组的取值区间均为左闭右开),画出频率分布直方图如下图所示,则下列说法正确的是(   ).

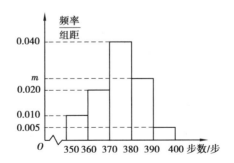

A.图中m的值为0.025

B.样本数据的平均数约为374.5

C.样本数据的第80百分位数为384

D.估计一分钟跑步步数在$[370,390)$的学生不超过60%

5.某校为了解该校学生对课后服务的满意度,从全校七、八、九年级学生中按照$1:2:3$分层随机抽样的方法,抽取容量为240的样本进行调查.被抽中的学生分别对课后服务进行评分,满分为100分,调查结果显示:最低分为51分,最高分为100分.八、九年级学生的评分结果按照相同的分组方式分别整理成了频数分布表和频率分布直方图,图表如下所示.

九年级学生评分结果频率分布直方图

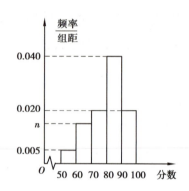

八年级学生评分结果频数分布表

分数区间	$[50,60)$	$[60,70)$	$[70,80)$	$[80,90)$	$[90,100]$
频数	2	m	17	38	20

(1)根据上述统计图表信息试求m和n的值;

(2)为了便于调查学校开展课后服务"满意度"情况是否与年级高低有关,把评分不低于70分的定义为"满意",评分低于70分的定义为"不满意",通过样本将七年级和九年级学生对课后服务"满意度"情况汇总得到下表.

满意情况	年级		合计
	七年级	九年级	
满意	30		
不满意			
合计			

请补充上表,并根据小概率值 $\alpha=0.10$ 的独立性检验判断能否认为学生对课后服务满意度与年级高低有关.

附表:

α	0.10	0.050	0.010
x_α	2.706	3.841	6.635

$$\chi^2=\frac{n(ad-bc)^2}{(a+b)(c+d)(a+c)(b+d)},\ n=a+b+c+d.$$

6.某网络电视剧已开播一段时间,其每日播放量如下统计表所示。

开播天数 x(单位:天)	1	2	3	4	5
当天播放量 y(单位:百万次)	3	3	5	9	10

(1)请用线性回归模型拟合 y 与 x 的关系,并用相关系数加以说明.

(2)假设开播后的两周内(除前5天),当天播放量 y 与开播天数 x 服从(1)中的线性关系.若每百万播放量可为制作方带来0.7万元的收益,且每开播一天需支出1万元的广告费,估算制作方在该剧开播两周内获得的利润.

参考公式: $r=\dfrac{\sum\limits_{i=1}^{n}(x_i-\bar{x})(y_i-\bar{y})}{\sqrt{\sum\limits_{i=1}^{n}(x_i-\bar{x})^2}\sqrt{\sum\limits_{i=1}^{n}(y_i-\bar{y})^2}}$, $\hat{b}=\dfrac{\sum\limits_{i=1}^{n}(x_i-\bar{x})(y_i-\bar{y})}{\sum\limits_{i=1}^{n}(x_i-\bar{x})^2}$, $\hat{a}=\bar{y}-\hat{b}\bar{x}.$

参考数据: $\sum\limits_{i=1}^{5}x_iy_i=110$, $\sum\limits_{i=1}^{5}x_i^2=55$, $\sum\limits_{i=1}^{5}y_i^2=224$, $\sqrt{110}\approx10.5.$

注:①一般地,若相关系数 r 的绝对值在0.95以上(含0.95)则认为线性相关性较强;否则,线性相关性较弱.②利润=收益-广告费.

参考答案与提示

1.1　集合与常用逻辑用语

1.【易错点】忽视集合中元素的互异性.

　【正解】由题意得 $m+2=3$ 或 $2m^2+m=3$，则 $m=1$ 或 $m=-\dfrac{3}{2}$. 当 $m=1$ 时，$m+2=3$ 且 $2m^2+m=3$，不满足题意；当 $m=-\dfrac{3}{2}$ 时，$m+2=\dfrac{1}{2}$ 且 $2m^2+m=3$，故 $m=-\dfrac{3}{2}$.

2.【易错点】集合运算中端点取值考虑不周.

　【正解】因为 P 中恰有 3 个元素，所以 $P=\{3,4,5\}$，故 k 的取值范围为 $5<k\leqslant6$.

3.【易错点】集合化简不等价，$1\notin A$，$1\in B$.

　【正解】选 D.

4.【易错点】命题否定改写错误，"p 且 q"的否定应为"$\neg p$ 或 $\neg q$".

　【正解】选 D.

5.【易错点】集合化简不等价，忽略了分母不为零的情况.

　【正解】因为关于 x 的方程 $\dfrac{x+a}{x^2-2}=1$ 有唯一实数解，$x^2-x-a-2=0(x\neq\pm\sqrt{2})$ 有唯一实数解，

当 $\Delta=1+4(a+2)=0$，即 $a=-\dfrac{9}{4}$ 时，$x=\dfrac{1}{2}$；当 $\Delta>0$ 时，其中有一个根是增根，也符合题意. 若 $x=\sqrt{2}$ 为其增根，则 $a=-\sqrt{2}$，另一根为 $x=1-\sqrt{2}$；若 $x=-\sqrt{2}$ 为其增根，则 $a=\sqrt{2}$，另一根为 $x=1+\sqrt{2}$. 所以 $A=\left\{-\dfrac{9}{4},-\sqrt{2},\sqrt{2}\right\}$.

6.【易错点】把充分必要条件的推出关系弄反.

　【正解】"P 的一个必要不充分条件是 Q"的含义是"Q 是 P 的必要不充分条件".

若不等式 $x^2-x+m>0$ 在 $\mathbf{R}$ 上恒成立,则 $\Delta=(-1)^2-4m<0$,解得 $m>\dfrac{1}{4}$,$m>\dfrac{1}{4}\Rightarrow$ $m>0$.选 C.

7.【易错点】 交集、并集含义理解不透.

【正解】 "$a\neq1$ 或 $b\neq-1$" 的否定为 "$a=1$ 且 $b=-1$","$a+b\neq0$" 的否定为 "$a+b=0$",由 $a=1$ 且 $b=-1$ 能推出 $a+b=0$;但由 $a+b=0$ 推不出 $a=1$ 且 $b=-1$,如 $a=5$,$b=-5$ 时也成立,故 "$a=1$ 且 $b=-1$" 是 "$a+b=0$" 的充分不必要条件,所以 "$a\neq1$ 或 $b\neq-1$" 是 "$a+b\neq0$" 的必要不充分条件.选 B.

8.【易错点】 集合中元素的互异性考虑不全.

【正解】 对于 M,含 2 个元素的子集有 15 个,但 $\{1,2\}$、$\{2,4\}$、$\{3,6\}$ 只能取一个;$\{1,3\}$、$\{2,6\}$ 只能取一个;$\{2,3\}$、$\{4,6\}$ 只能取一个,故满足条件的两个元素的集合有 11 个.选 B.

1.2 一元二次函数、方程和不等式

1.【易错点】 "一正,二定,三等" 的 "一正" 未保证.

【正解】 当 $x>0$ 时,$x+\dfrac{1}{x}\geqslant2\sqrt{x\cdot\dfrac{1}{x}}=2$.

当 $x<0$ 时,$-x>0$.

$-x+\dfrac{1}{-x}\geqslant2\sqrt{-x\cdot\dfrac{1}{-x}}=2$,则 $x+\dfrac{1}{x}\leqslant-2$.

所以 $f(x)=x+\dfrac{1}{x}$ 的值域为 $(-\infty,-2]\cup[2,+\infty)$,选 C.

2.【易错点】 同向不等式不能相减.

【正解】 因为 $-1<x<4$,$2<y<3$,所以 $-3<-y<-2$,所以 $-4<x-y<2$.

3.【易错点】 没有讨论二次项系数为零的情况.

【正解】 $a=1$ 时,原不等式不恒成立;

$a=-1$ 时,原不等式恒成立;

$a \neq \pm 1$ 时，$\begin{cases} a^2 - 1 < 0 \\ \Delta = (a+1)^2 + 4(a^2 - 1) < 0 \end{cases}$，解得 $-1 < a < \dfrac{3}{5}$.

综上，a 的取值范围是 $\left[-1, \dfrac{3}{5}\right)$.

4.【易错点】a，b 并不是相互独立的变量，而是由不等式组相互制约，若分别求出 a，b 的范围，就取消了制约关系，扩大了范围，导致变形不等价.

【正解】设 $f(3) = 9a + 3b = xf(1) + yf(2) = (x + 4y)a + (x + 2y)b$，（$x$、$y$ 为待定系数），

则 $\begin{cases} x + 4y = 9 \\ x + 2y = 3 \end{cases}$，解得 $\begin{cases} x = -3 \\ y = 3 \end{cases}$.

又 $-3 \leqslant -3f(1) \leqslant 6$，$6 \leqslant 3f(2) \leqslant 12$，

所以 $3 \leqslant f(3) \leqslant 18$.

5.【易错点】$xy = 2x + 8y \geqslant 2\sqrt{2x \cdot 8y}$，即 $\sqrt{xy} \geqslant 8$，$x + y \geqslant 2\sqrt{xy} \geqslant 16$.

应注意 $2x + 8y \geqslant 2\sqrt{2x \cdot 8y}$ 与 $x + y \geqslant 2\sqrt{xy}$ 的等号不能同时取得.

【正解】由 $2x + 8y - xy = 0$，得 $\dfrac{8}{x} + \dfrac{2}{y} = 1$，

则 $x + y = (x + y)\left(\dfrac{8}{x} + \dfrac{2}{y}\right) = 10 + \dfrac{2x}{y} + \dfrac{8y}{x} \geqslant 10 + 2\sqrt{\dfrac{2x}{y} \cdot \dfrac{8y}{x}} = 18$.

当且仅当 $\dfrac{8y}{x} = \dfrac{2x}{y}$，即 $x = 12$ 且 $y = 6$ 时等号成立，

所以 $x + y$ 的最小值为 18.

6.【易错点】常见错解：$\dfrac{a^2}{x} + \dfrac{b^2}{1-x} = (x + 1 - x)\left(\dfrac{a^2}{x} + \dfrac{b^2}{1-x}\right) = a^2 + b^2 + \dfrac{a^2(1-x)}{x} + \dfrac{b^2 x}{1-x} \geqslant a^2 + b^2 + 2ab \geqslant 4ab$，式 $a^2 + b^2 + 2ab$ 中 a，b 为常数，不能再对 $a^2 + b^2$ 用均值不等式.

【正解】$\dfrac{a^2}{x} + \dfrac{b^2}{1-x} = (x + 1 - x)\left(\dfrac{a^2}{x} + \dfrac{b^2}{1-x}\right) = a^2 + b^2 + \dfrac{a^2(1-x)}{x} + \dfrac{b^2 x}{1-x} \geqslant a^2 + b^2 + 2ab = (a + b)^2$，故选 C.

2.1 函数的概念与性质

1.【易错点】对抽象函数的定义域理解有误.

【正解】$[3,5]$.

2.【易错点】对抽象函数的定义域理解有误.

【正解】A.

3.【易错点】忽略函数的定义域.

【正解】C.

4.【易错点】对奇偶性定义理解不到位.

【正解】$[-10,2]$.

5.【易错点】对单调性定义理解不到位.

【正解】A.

6.【易错点】忽略对参数的讨论.

【正解】$0 \leqslant a \leqslant 1$.

7.【易错点】忽略函数的定义域.

【正解】当 $-3 \leqslant x \leqslant 0$ 时,$f(x)=x^2-2x$,可得 $f(x)$ 在 $-3 \leqslant x \leqslant 0$ 为减函数,又 $f(x)$ 是奇函数,所以 $f(x)$ 在 $[-3,3]$ 上单调递减.

$$f(x+1)>f(3-2x) \Longleftrightarrow \begin{cases} -3 \leqslant x+1 \leqslant 3 \\ -3 \leqslant 3-2x \leqslant 3 \\ x+1 < 3-2x \end{cases}, \text{解得} \ 0 \leqslant x < \frac{2}{3},$$

故选 D.

8.【易错点】运用换元法时忽略新元的取值范围.

【正解】(1)由题意知,$\begin{cases} 2-x \geqslant 0 \\ x+3 \geqslant 0 \\ 3^x - \dfrac{1}{3} > 0 \end{cases}$,故定义域为 $(-1,2]$.

(2)$g(x)=2 \cdot (2^x)^2 - 4 \cdot 2^x + 1$,

由 $x \in (-1,2]$,得 $2^x \in \left(\dfrac{1}{2},4\right]$. 令 $t=2^x$,$t \in \left(\dfrac{1}{2},4\right]$,则 $g(t)=2t^2-4t+1$,因为 $t \in \left(\dfrac{1}{2},1\right]$,

$g(t)$ 单减,$t \in [1,4]$,$g(t)$ 单增,所以 $g(t)_{\min}=g(1)=-1$,$g(t)_{\max}=g(4)=17$,所以

$g(t)$的值域为$[-1,17]$.

2.2　指数函数、对数函数的图像及性质

1.【易错点】对指数(对数)函数定义域考虑不完整.

【正解】D.

2.【易错点】利用特殊值比较大小时,不能正确估值.

【正解】B.

3.【易错点】利用特殊值比较大小时,不能正确估值.

【正解】A.

4.【易错点】考虑不全面.

【正解】C.

5.【易错点】忽略真数的取值范围.

【正解】A.

6.【易错点】忽略指数函数恒大于0的隐含条件.

【正解】D.

7.【易错点】忽略新元的取值范围.

【正解】C.

2.3　三角函数概念与性质

1.【易错点】忽略角终边的具体位置.

【正解】当$m<0$时,$|OP|=-\sqrt{5}\,m$,所以$\sin\alpha=\dfrac{2m}{-\sqrt{5}\,m}=-\dfrac{2\sqrt{5}}{5}$,$\cos\alpha=\dfrac{m}{-\sqrt{5}\,m}=-\dfrac{\sqrt{5}}{5}$;

当$m>0$时,$|OP|=\sqrt{5}\,m$,所以$\sin\alpha=\dfrac{2m}{\sqrt{5}\,m}=\dfrac{2\sqrt{5}}{5}$,$\cos\alpha=\dfrac{m}{\sqrt{5}\,m}=\dfrac{\sqrt{5}}{5}$.

2.【易错点】对基于任意角的三角函数的定义进行弦化切理解不到位.

【正解】$\sin 80°=\sqrt{1-\cos^2 80°}=\sqrt{1-k^2}$,

$\tan 100° = -\tan 80° = -\dfrac{\sin 80°}{\cos 80°} = -\dfrac{\sqrt{1-k^2}}{k}.$

3.【易错点】对任意角的三角函数定义理解不到位.

【正解】$\cos \alpha = \dfrac{x}{\sqrt{x^2+5}} = \dfrac{\sqrt{2}}{4}x$，则 $x = -\sqrt{3}$，$\sin \alpha = \dfrac{\sqrt{5}}{\sqrt{3+5}} = \dfrac{\sqrt{10}}{4}.$

4.【易错点】对任意角的定义理解有误.

【正解】AD.

因为直线 $y = -\sqrt{3}x$ 的倾斜角是 $\dfrac{2\pi}{3}$，所以终边落在直线 $y = -\sqrt{3}x$ 上的角 α 的

取值集合为 $\left\{\alpha \,\middle|\, \alpha = 2k\pi - \dfrac{\pi}{3}, \text{或} \alpha = 2k\pi + \dfrac{2\pi}{3}, k \in \mathbf{Z}\right\} = \left\{\alpha \,\middle|\, \alpha = k\pi - \dfrac{\pi}{3}, k \in \mathbf{Z}\right\}.$

5.【易错点】不注意题中隐含条件,忽略角的限制范围.

【正解】因为 $(\sin \alpha + \cos \alpha)^2 = 1 + 2\sin \alpha \cos \alpha = \dfrac{1}{4}$，所以 $2\sin \alpha \cos \alpha = \sin 2\alpha = -\dfrac{3}{4}$，

所以 $\sin \alpha > 0, \cos \alpha < 0, \sin \alpha + \cos \alpha = \dfrac{1}{2} > 0$，

所以 $\dfrac{\pi}{2} < \alpha < \dfrac{3\pi}{4}, \pi < 2\alpha < \dfrac{3\pi}{2}$，

所以 $\cos 2\alpha = -\dfrac{\sqrt{7}}{4}.$

6.【易错点】不注意题中隐含条件,正弦余弦乘积为负,限制角的范围.

【正解】$-\dfrac{12}{5}$ 或 $-\dfrac{5}{12}.$

2.4　三角恒等变换

1.【易错点】忽视定义域的限制.

　　【正解】求解定义域并画图知,选B.

2.【易错点】没有准确掌握平移变换.

　　【正解】B.

3.【易错点】特殊值错误或者平移方向错误.

　　【正解】依题意 $g(x) = \sin[2(x-\varphi)+\theta] = \sin(2x+\theta-2\varphi)$，

因为 $f(x),g(x)$ 的图像都经过点 $P\left(0,\dfrac{\sqrt{3}}{2}\right)$，所以 $\begin{cases}\sin\theta=\dfrac{\sqrt{3}}{2}\\[2mm]\sin(\theta-2\varphi)=\dfrac{\sqrt{3}}{2}\end{cases}$.

又因为 $-\dfrac{\pi}{2}<\theta<\dfrac{\pi}{2}$，所以 $\theta=\dfrac{\pi}{3}$，所以 $\dfrac{\pi}{3}-2\varphi=2k\pi+\dfrac{\pi}{3}$ 或 $\dfrac{\pi}{3}-2\varphi=2k\pi+\dfrac{2\pi}{3}$，

$k\in\mathbf{Z}$. 解得 $\varphi=-k\pi$ 或 $\varphi=-k\pi-\dfrac{\pi}{6}$，$k\in\mathbf{Z}$.

在 $\varphi=-k\pi-\dfrac{\pi}{6}$，$k\in\mathbf{Z}$ 中，取 $k=-1$，即得 $\varphi=\dfrac{5\pi}{6}$，故选 B.

4.【易错点】不能准确求解三角函数单调区间.

【正解】把函数 $y=\tan\left(\dfrac{\pi}{3}-2x\right)$ 变为 $y=-\tan\left(2x-\dfrac{\pi}{3}\right)$.

由 $k\pi-\dfrac{\pi}{2}<2x-\dfrac{\pi}{3}<k\pi+\dfrac{\pi}{2}$，$k\in\mathbf{Z}$，解得 $\dfrac{k\pi}{2}-\dfrac{\pi}{12}<x<\dfrac{k\pi}{2}+\dfrac{5\pi}{12}$.

即减区间为 $\left(\dfrac{k\pi}{2}-\dfrac{\pi}{12},\dfrac{k\pi}{2}+\dfrac{5\pi}{12}\right)(k\in\mathbf{Z})$.

5.【易错点】忽略对参数的讨论.

【正解】若 $a>0$，当 $\sin x=1$ 时，函数 $y=a\sin x+2$ 取得最大值 $a+2$，所以 $a+2=3$，所以 $a=1$.

若 $a<0$，当 $\sin x=-1$ 时，函数 $y=a\sin x+2(x\in\mathbf{R})$ 取得最大值 $-a+2=3$，所以 $a=-1$. 综上可知，a 的值为 ±1.

6.【易错点】对正切函数对称中心理解有误.

【正解】已知函数 $y=\tan x$ 的图像的对称中心为 $\left(\dfrac{k\pi}{2},0\right)$，其中 $k\in\mathbf{Z}$.

所以 $2x+\theta=\dfrac{k\pi}{2}$，其中 $x=\dfrac{\pi}{3}$，即 $\theta=\dfrac{k\pi}{2}-\dfrac{2\pi}{3}$，$k\in\mathbf{Z}$.

因为 $-\dfrac{\pi}{2}<\theta<\dfrac{\pi}{2}$，所以当 $k=1$ 时，$\theta=-\dfrac{\pi}{6}$；当 $k=2$ 时，$\theta=\dfrac{\pi}{3}$，即 $\theta=-\dfrac{\pi}{6}$ 或 $\dfrac{\pi}{3}$.

7.【易错点】不能准确化简和求解单调区间.

【正解】(1)因为 $f(x)=\sin 2x-2\sin^2 x=\sin 2x-(1-\cos 2x)=\sqrt{2}\sin\left(2x+\dfrac{\pi}{4}\right)-1$，所

以函数 $f(x)$ 的最小正周期 $T=\dfrac{2\pi}{2}=\pi$；

(2)因为 $x\in\left[-\dfrac{\pi}{4},\ \dfrac{3\pi}{8}\right]$，所以 $2x+\dfrac{\pi}{4}\in\left[-\dfrac{\pi}{4},\ \pi\right]$，所以 $\sin\left(2x+\dfrac{\pi}{4}\right)\in\left[-\dfrac{\sqrt{2}}{2},\ 1\right]$，所以

$f(x)=\sqrt{2}\sin\left(2x+\dfrac{\pi}{4}\right)-1\in\left[-2,\ \sqrt{2}-1\right]$，所以 $f(x)\in\left[-2,\ \sqrt{2}-1\right]$.

8.【易错点】 忽略隐含条件.

【正解】 因为 a，$2a-1$，$2a+1$ 是三角形的三边，所以 $\begin{cases}a>0\\2a-1>0,\ 即\ a>\dfrac{1}{2},\quad ①\\2a+1>0\end{cases}$

所以 $2a+1$ 是三角形的最大边，设其所对的角为 θ（钝角），

则 $\cos\theta=\dfrac{a^2+(2a-1)^2-(2a+1)^2}{2a(2a-1)}<0$，化简得 $a^2-8a<0$，解得 $0<a<8$.　②

要使 a，$2a-1$，$2a+1$ 构成三角形，需满足 $a+2a-1>2a+1$，即 $a>2$.　③

结合①②③，可得 $2<a<8$.

9.【易错点】 不能准确处理三角函数图像变换.

【正解】 $y=1-2\sin^2x=\cos 2x$，作关于 x 轴的对称变换得 $y=-\cos 2x$，然后向左平移

$\dfrac{\pi}{4}$ 个单位，得到函数 $y=-\cos 2\left(x+\dfrac{\pi}{4}\right)=\sin 2x=f(x)\cdot\sin x$，可得 $f(x)=2\cos x$，

选 B.

10.【易错点】 未考虑隐含条件限制.

【正解】 ① $a>b\Leftrightarrow\sin A>\sin B$，所以 $\sin A-\sin B>0$，

所以 $f(x)=(\sin A-\sin B)x$ 在 **R** 上是增函数.

② $a^2-b^2=c^2$，$a^2=b^2+c^2$，则 $\triangle ABC$ 是 Rt$\triangle$.

③ $\sin c+\cos c=\sqrt{2}\sin\left(c+\dfrac{\pi}{4}\right)$，当 $\sin\left(c+\dfrac{\pi}{4}\right)=-1$ 时，最小值为 $-\sqrt{2}$，

显然 $0<c<\pi$，得不到最小值 $-\sqrt{2}$.

④ $\cos 2A=\cos 2B\Rightarrow 2A=2B$ 或 $2A=2\pi-2B\Rightarrow A=B$ 或 $A+B=\pi$，所以 $A=B$.

⑤ $1+\tan A+\tan B+\tan A\cdot\tan B=2$，

所以 $\dfrac{\tan A+\tan B}{1-\tan A\tan B}=1$，$\tan(A+B)=1$，所以 $A+B=\dfrac{\pi}{4}$.

所以错误命题是③⑤.

2.5   等差数列和等比数列

1.【易错点】由 S_n 求通项 a_n 时忽略 $n=1$ 的情况.

【正解】当 $n=1$ 时，$a_1=s_1=1^2-1=0$；

当 $n\geq2$，$a_n=S_n-S_{n-1}=n^2-1-[(n-1)^2-1]=2n-1$，$a_1$ 不满足此式，

所以 $a_n=\begin{cases}0, & n=1 \\ 2n-1, & n\geq2\end{cases}$.

2.【易错点】等差数列通项 a_n 和求和公式 S_n 间的转换错误.

【正解】设 $S_n=(5n+13)nk$，$T_n=(4n+5)nk$，是没有常数项的二次形式，

已知 S_n,T_n 为等差数列前 n 项和，

所以 $a_{10}:b_{10}=2a_{10}:2b_{10}=(a_1+a_{19}):(b_1+b_{19})=\dfrac{19(a_1+a_{19})}{2}:\dfrac{19(b_1+b_{19})}{2}=$

$S_{19}:T_{19}=(5\times19+13):(4\times19+5)=108:81=4:3$，

故选 D.

3.【易错点】等差数列脚标和公式应用错误.

【正解】由 $a_1+a_3+a_5=105$ 得 $3a_3=105$，即 $a_3=35$，由 $a_2+a_4+a_6=99$ 得 $3a_4=99$，

即 $a_4=33$，所以 $d=-2$，$a_n=a_4+(n-4)\times(-2)=41-2n$，由 $\begin{cases}a_n\geq0 \\ a_{n+1}<0\end{cases}$ 得 $n=20$，选 B.

4.【易错点】等比数列高次幂运算错误.

【正解】对于 $S_4=\dfrac{a_1(1-q^4)}{1-q}$，$a_4=a_1q^3$，所以 $\dfrac{S_4}{a_4}=\dfrac{1-q^4}{q^3(1-q)}=15$.

5.【易错点】对 $|a_n|$ 没有进行分类讨论.

【正解】当 $n\leq5$ 时，$a_n\geq0$，$S_n=a_1+a_2+\cdots+a_n=\dfrac{[8+(-2n+10)]n}{2}=(9-n)n$；

当 $n\geq6$ 时，$a_n\leq0$，$S_n=S_5-a_6-a_7-\cdots-a_n=2S_5-S_n=40-(9-n)n$.

综上，$s_n=\begin{cases}(9-n)n, & 1\leq n\leq5 \\ 40-(9-n)n, & n\geq6\end{cases}$.

6.【易错点】①由 S_n 求 a_n 时漏掉对 $n=1$ 情况的检验.②错位相减法中等比数列求和时项数为 n 还是 $n-1$ 判断错误.

【正解】(1)当 $n=1$ 时，$a_1=S_1=2$；

当 $n \geqslant 2$ 时，$a_n = s_n - s_{n-1} = 2n^2 - 2(n-1)^2 = 4n - 2$，$a_1$ 满足此式，

所以 $a_n = 4n - 2, n \geqslant 1$.

设 $\{b_n\}$ 的公比为 q，则 $b_1 qd = b_1, d = 4$，所以 $q = \dfrac{1}{4}$.

所以 $b_n = b_1 q^{n-1} = 2 \times \left(\dfrac{1}{4}\right)^{n-1}$.

(2) $c_n = \dfrac{a_n}{b_n} = (2n-1)4^{n-1}$，所以 $T_n = 1 + 3 \times 4^1 + 5 \times 4^2 + \cdots + (2n-1)4^{n-1}$，所以 $4T_n =$

$1 \times 4 + 3 \times 4^2 + \cdots + (2n-3)4^{n-1} + (2n-1)4^n$.

两式相减得：$-3T_n = 1 + 2 \times 4 + 2 \times 4^2 + \cdots + 2 \times 4^{n-1} - (2n-1)4^n = \dfrac{(5-6n)4^n - 5}{3}$，所以

$T_n = \dfrac{5 + (6n-5)4^n}{9}$.

2.6 数列的综合运用

1.【易错点】数列求和只知列差，忽略列和.

【正解】$\dfrac{1+2}{1 \times 2} - \dfrac{2+3}{2 \times 3} + \dfrac{3+4}{3 \times 4} - \cdots - \dfrac{20+21}{20 \times 21} = \left(\dfrac{1}{1} + \dfrac{1}{2}\right) - \left(\dfrac{1}{2} + \dfrac{1}{3}\right) + \left(\dfrac{1}{3} + \dfrac{1}{4}\right) - \cdots - \left(\dfrac{1}{20} + \dfrac{1}{21}\right) =$

$1 - \dfrac{1}{21} = \dfrac{20}{21}$.

2.【易错点】误认为 (a_n) 为等差数列，实质为 $a_n = \begin{cases} -2 & (n=1) \\ 2n-5 & (n \geqslant 2) \end{cases}$.

【正解】A.

3.【易错点】对等差数列的性质和公式不能灵活应用.

【正解】D.

4.【易错点】递推公式应用过于烦琐，忽略对 n 取值，由一般到特殊.

【正解】由 $a_5 \cdot a_{2n-5} = 2^{2n}(n \geqslant 3)$ 得：$\begin{cases} a_5 \cdot a_1 = 2^6 \\ a_5 \cdot a_3 = 2^8 \end{cases}$.

再由 $a_n > 0$ 得：$\begin{cases} a_3 = 2^3 \\ a_4 = 2^4 \end{cases}$，解得：$a_1 = 2, q = 2$，

所以 $a_n = 2^n, \log_2 a_{2n-1} = 2n-1$，

$$\log_2 a_1 + \log_2 a_3 + \cdots + \log_2 a_{2n-1} = \frac{(1+2n-1)n}{2} = n^2,选\ C.$$

5.【易错点】误以为求最大项.

【正解】由 $a_n = -n^2 + 12n - 32 = -(n-4)(n-8) > 0$ 得 $4 < n < 8$,即在数列 $\{a_n\}$ 中,前3项以及从第9项起后的各项均为负,且 $a_4 = a_8 = 0$,因此当 $n=3$ 或 $n=4$ 时,S_n 最小;当 $n=7$ 或 $n=8$ 时,S_n 最大,故 $S_n - S_m$ 的最大值是 $a_5 + a_6 + a_7 = 3 + 4 + 3 = 10$.

6.【易错点】递推关系应用混乱.

【正解】

若 a_n 为偶数,则 $a_n = 2a_{n+1}$.

若 a_n 为奇数,则 $a_n = \dfrac{a_{n+1} - 1}{3}$.

当 $a_6 = 1$ 时,$a_5 = 2$ 或 $a_5 = 0$(舍).

当 $a_5 = 2$ 时,$\begin{cases} a_4\ 为偶数,a_4 = 2a_5 = 4 \\ a_4\ 为奇数,a_4 = \dfrac{1}{3}\ (舍) \end{cases}$.

当 $a_4 = 4$ 时,$\begin{cases} a_3\ 为偶数,a_3 = 2a_4 = 8 \\ a_3\ 为奇数,a_3 = 1 \end{cases}$.

当 $a_3 = 8$ 时,$\begin{cases} a_2\ 为偶数,a_2 = 2a_3 = 16 \\ a_2\ 为奇数,a_2 = \dfrac{7}{3}\ (舍) \end{cases}$.

当 $a_3 = 1$ 时,$\begin{cases} a_2\ 为偶数,a_2 = 2a_3 = 2 \\ a_2\ 为奇数,a_2 = 0\ (舍) \end{cases}$.

当 $a_2 = 16$ 时,$\begin{cases} a_1\ 为偶数,a_1 = 2a_2 = 32 \\ a_1\ 为奇数,a_1 = 5 \end{cases}$.

当 $a_2 = 2$ 时,$\begin{cases} a_1\ 为偶数,a_1 = 2a_2 = 4 \\ a_1\ 为奇数,a_1 = \dfrac{1}{3}\ (舍) \end{cases}$.

综上,$a_1 = m = 4, 5, 32$.

7.【易错点】忽略数列与函数的区别,数列是一串离散的点.

【正解】$\begin{cases} a>1 \\ 4-\dfrac{a}{2}>0 \\ f(5)<f(6) \end{cases}$，得$\dfrac{48}{7}<a<8$.

2.7 一元函数的导数及其应用

1.【易错点】对极值概念理解不清.

【正解】因为$f'(x)=[x^2+(a+2)x+a-1]e^{x-1}$，因为$f'(-2)=0$，所以$a=-1$，

所以$f(x)=(x^2-x-1)e^{x-1}$，$f'(x)=(x^2+x-2)e^{x-1}$，

令$f'(x)=0$，解得$x=-2$或$x=1$，所以当$x\in(-\infty,-2)$，$f'(x)>0$，$f(x)$单调递增；当$x\in(-2,1)$时，$f'(x)>0$，$f(x)$单调递减；当$x\in(1,+\infty)$，$f'(x)>0$，$f(x)$单调递增，所以$f(x)$的极小值为$f(1)=(1-1-1)e^{1-1}=-1$，选A.

2.【易错点】对函数单调性的充要条件理解错误.

【正解】因为$f(x)=kx-\ln x$，所以$f'(x)=k-\dfrac{1}{x}$，因为$f(x)$在$(1,+\infty)$单调递增，

所以当$x>1$时，$f'(x)=k-\dfrac{1}{x}\geqslant 0$恒成立，即$k\geqslant\dfrac{1}{x}$在$(1,+\infty)$上恒成立，

因为$x>1$，所以$0<\dfrac{1}{x}<1$，所以$k\geqslant 1$.

3.【易错点】不会构造函数.

【正解】令$h(x)=\dfrac{f(x)}{x}$，因为$f(x)$为奇函数，所以$h(x)$为偶函数，由于$h'(x)=\dfrac{xf'(x)-f(x)}{x^2}$，当$x>0$时，$xf'(x)-f(x)<0$，所以$h(x)$在$(0,+\infty)$上单调递减，根据对称性$h(x)$在$(-\infty,0)$上单调递增，又$f(-1)=0$，$f(1)=0$，数形结合可知，使得$f(x)>0$成立的$x$的取值范围是$(-\infty,-1)\cup(0,1)$，故选A.

4.【易错点】不会分离函数.

【正解】令$f(x)=0$，则方程$a(e^{x-1}+e^{-x+1})=-x^2+2x$有唯一解，

设$h(x)=-x^2+2x$，$g(x)=e^{x-1}+e^{-x+1}$，则$h(x)$与$g(x)$有唯一交点，

又$g(x)=e^{x-1}+e^{-x+1}=e^{x-1}+\dfrac{1}{e^{x-1}}\geqslant 2$，当且仅当$x=1$时取得最小值2.

而 $h(x)=-(x-1)^2+1\leqslant 1$，当 $x=1$ 时取得最大值 1，

$ag(x)=h(x)$ 有唯一的交点，则 $a=\dfrac{1}{2}$，故选 C.

5.【易错点】不会分离函数.

【正解】由题意可知存在唯一的整数 x_0，使得 $e^{x_0}(2x_0-1)<ax_0-a$，设 $g(x)=e^x(2x-1)$，$h(x)=ax-a$，由 $g'(x)=e^x(2x+1)$，可知 $g(x)$ 在 $\left(-\infty,-\dfrac{1}{2}\right)$ 上单调递减，在 $\left(-\dfrac{1}{2},+\infty\right)$ 上单调递增，作出 $g(x)$ 与 $h(x)$ 的大致图像如下图所示.

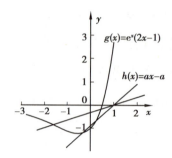

故 $\begin{cases} h(0)>g(0) \\ h(-1)\leqslant g(-1) \end{cases}$，即 $\begin{cases} a<1 \\ -2a\leqslant-\dfrac{3}{e} \end{cases}$，所以 $\dfrac{3}{2e}\leqslant a<1$，故选 D.

6.【易错点】忽略分母不为零的条件.

【正解】$f(x)$ 的定义域为 $(0,1)\cup(1,+\infty)$.

因为 $f'(x)=\dfrac{1}{x}+\dfrac{1}{(x-1)^2}>0$，所以 $f(x)$ 在 $(0,1)$，$(1,+\infty)$ 单调递增.

因为 $f(e)=1-\dfrac{e+1}{e-1}<0$，$f(e^2)=2-\dfrac{e^2+1}{e^2-1}=\dfrac{e^2-3}{e^2-1}>0$，

所以 $f(x)$ 在 $(1,+\infty)$ 有唯一零点 x_1，即 $f(x_1)=0$.

又 $0<\dfrac{1}{x_1}<1$，$f\left(\dfrac{1}{x_1}\right)=-\ln x_1+\dfrac{x_1+1}{x_1-1}=-f(x_1)=0$，

故 $f(x)$ 在 $(0,1)$ 有唯一零点 $\dfrac{1}{x_1}$.

综上，$f(x)$ 有且仅有两个零点.

7.【易错点】分类讨论考虑不全面.

【正解】$f'(x)=(x-1)e^x+2a(x-1)=(x-1)(e^x+2a)$.

①设$a=0$,则$f(x)=(x-2)e^x$,$f(x)$只有一个零点.

②设$a>0$,则当$x\in(-\infty,1)$时,$f'(x)<0$;当$x\in(1,+\infty)$时,$f'(x)>0$.

所以$f(x)$在$(-\infty,1)$上单调递减,在$(1,+\infty)$上单调递增.

又$f(1)=-e$,$f(2)=a$,取b满足$b<0$且$b<\ln\dfrac{a}{2}$,则

$f(b)>\dfrac{a}{2}(b-2)+a(b-1)^2=a\left(b^2-\dfrac{3}{2}b\right)>0$,故$f(x)$存在两个零点.

③设$a<0$,由$f'(x)=0$得$x=1$或$x=\ln(-2a)$.

若$a\geqslant-\dfrac{e}{2}$,则$\ln(-2a)>1$,故当$x\in(1,+\infty)$时,$f'(x)>0$,因此$f(x)$在$(1,+\infty)$上单

调递增.又当$x\leqslant1$时,$f(x)<0$,所以$f(x)$不存在两个零点.

若$a<-\dfrac{e}{2}$,则$\ln(-2a)>1$,故当$x\in(1,\ln(-2a))$时,$f'(x)<0$;当$x\in(\ln(-2a),+\infty)$

时,$f'(x)>0$.

因此$f(x)$在$(1,\ln(-2a))$上单调递减,在$(\ln(-2a),+\infty)$上单调递增.

又当$x\leqslant1$时,$f(x)<0$,所以$f(x)$不存在两个零点.

综上,a的取值范围为$(0,+\infty)$.

8.【易错点】零点存在性说理不充分.

【正解】(1)设$g(x)=f'(x)$,则$g(x)=\cos x-\dfrac{1}{1+x}$,$g'(x)=-\sin x+\dfrac{1}{(1+x)^2}$.

当$x\in\left(-1,\dfrac{\pi}{2}\right)$时,$g'(x)$单调递减,而$g'(0)>0$,$g'\left(\dfrac{\pi}{2}\right)<0$,可得$g'(x)$在$\left(-1,\dfrac{\pi}{2}\right)$

有唯一零点,设为α.

则当$x\in(-1,\alpha)$时,$g'(x)>0$;当$x\in\left(\alpha,\dfrac{\pi}{2}\right)$时,$g'(x)<0$.

所以$g(x)$在$(-1,\alpha)$单调递增,在$\left(\alpha,\dfrac{\pi}{2}\right)$单调递减,故$g(x)$在$\left(-1,\dfrac{\pi}{2}\right)$存在唯一

极大值点,即$f'(x)$在$\left(-1,\dfrac{\pi}{2}\right)$存在唯一极大值点.

(2)$f(x)$的定义域为$(-1,+\infty)$.

①当 $x\in(-1,0]$ 时，由（1）知，$f'(x)$ 在 $(-1,0)$ 单调递增，而 $f'(0)=0$，所以当 $x\in(-1,0)$ 时，$f'(x)<0$，故 $f(x)$ 在 $(-1,0)$ 单调递减，又 $f(0)=0$，从而 $x=0$ 是 $f(x)$ 在 $(-1,0]$ 的唯一零点．

②当 $x\in\left(0,\dfrac{\pi}{2}\right]$ 时，由（1）知，$f'(x)$ 在 $(0,\alpha)$ 单调递增，在 $\left(\alpha,\dfrac{\pi}{2}\right)$ 单调递减，而 $f'(0)=0$，$f'\left(\dfrac{\pi}{2}\right)<0$，所以存在 $\beta\in\left(\alpha,\dfrac{\pi}{2}\right)$，使得 $f'(\beta)=0$，且当 $x\in(0,\beta)$ 时，$f'(x)>0$；当 $x\in\left(\beta,\dfrac{\pi}{2}\right]$ 时，$f'(x)<0$，故 $f(x)$ 在 $(0,\beta)$ 单调递增，在 $\left(\beta,\dfrac{\pi}{2}\right)$ 单调递减．

又 $f(0)=0$，$f\left(\dfrac{\pi}{2}\right)=1-\ln\left(1+\dfrac{\pi}{2}\right)>0$，所以当 $x\in\left(0,\dfrac{\pi}{2}\right]$ 时，$f(x)>0$．

从而 $f(x)$ 在 $\left(0,\dfrac{\pi}{2}\right]$ 没有零点．

③当 $x\in\left(\dfrac{\pi}{2},\pi\right]$ 时，$f'(x)<0$，所以 $f(x)$ 在 $\left(\dfrac{\pi}{2},\pi\right)$ 单调递减．而 $f\left(\dfrac{\pi}{2}\right)>0$，$f(\pi)<0$，所以 $f(x)$ 在 $\left(\dfrac{\pi}{2},\pi\right]$ 有唯一零点．

④当 $x\in(\pi,+\infty]$ 时，$\ln(x+1)>1$，所以 $f(x)<0$，从而 $f(x)$ 在 $(\pi,+\infty)$ 没有零点．
综上，$f(x)$ 有且仅有 2 个零点．

3.1 平面向量及其应用

1.【易错点】向量的概念模糊．

【正解】B．对于①，若 $\lambda=0$，则 $\lambda\vec{a}=\vec{0}$，而 $\vec{0}$ 的方向是不确定的，故①错误；对于③，$\vec{a}$ 与 $\vec{b}$ 的方向不确定，当 $\vec{a}$ 与 $\vec{b}$ 不共线时，题目中结论不成立，故③错误．
综上，②④正确，①③错误．

2.【易错点】向量的概念模糊，对平面向量基本定理理解不充分，确定向量夹角时忽略了向量的方向．

【正解】AB．对于 C，虽然单位向量模长相等，但方向可以不同，故不是所有单位向量均相等，C 错误；对于 D，因为 $\triangle ABC$ 为等边三角形，所以 $<\overrightarrow{AB},\overrightarrow{BC}>=\pi-$

$\angle ABC=\pi-\dfrac{\pi}{3}=\dfrac{2\pi}{3}$，D错误.

3.【易错点】确定向量夹角时忽略了向量的方向.

【正解】因为$AB=2,BC=3$，且$\overrightarrow{AB}\cdot\overrightarrow{BC}=|\overrightarrow{AB}||\overrightarrow{BC}|\cos<\pi-B>=1$，

即$2\times3\times(-\cos B)=1$，解得$\cos B=-\dfrac{1}{6}$.

4.【易错点】对平面向量基本定理理解不充分.

【正解】A.$\overrightarrow{e_1},\overrightarrow{e_2}$为平面内所有向量的一组基底，则$\overrightarrow{e_1},\overrightarrow{e_2}$不共线，$\overrightarrow{e_2}\neq\overrightarrow{0}$，

$\vec{a}$与$\vec{b}$共线，所以$\vec{a}=m\vec{b}(m\in\mathbf{R})$，

即$\overrightarrow{e_1}+\lambda\overrightarrow{e_2}=2m\overrightarrow{e_1}$，又$\overrightarrow{e_1},\overrightarrow{e_2}$不共线，则$\begin{cases}1=2m\\\lambda=0\end{cases}$，所以$\lambda=0$.

5.【易错点】忽略向量夹角的范围.

【正解】-2(答案不唯一).设向量$\vec{a}+\vec{b}$与向量$\lambda\vec{a}-\vec{b}$的夹角为θ，

因为向量$\vec{a}+\vec{b}$与向量$\lambda\vec{a}-\vec{b}$的夹角是钝角，$\dfrac{\pi}{2}<\theta<\pi$，且$\vec{a}+\vec{b}$与$\lambda\vec{a}-\vec{b}$不共线，

所以$(\vec{a}+\vec{b})\cdot(\lambda\vec{a}-\vec{b})=|\vec{a}+\vec{b}|\cdot|\lambda\vec{a}-\vec{b}|\cos\theta<0$且$\lambda\neq-1$，

所以$\lambda\vec{a}^2-\vec{b}^2<0$，又$|\vec{a}|=|\vec{b}|=1$，

解得$\lambda\in(-\infty,-1)\cup(-1,1)$.

6.【易错点】向量的概念模糊.

【正解】设点D的坐标为(x,y)，

由于平行四边形的四个顶点为A,B,C,D，

所以可能有以下三种情形：

当$\overrightarrow{AB}=\overrightarrow{DC}$时，即$(-1,2)=(-1-x,-2-y)$，解得$\begin{cases}x=0\\y=-4\end{cases}$，即$D$的坐标为$(0,-4)$；

当$\overrightarrow{AB}=\overrightarrow{CD}$时，即$(-1,2)=(x+1,y+2)$，解得$\begin{cases}x=-2\\y=0\end{cases}$，即$D$的坐标为$(-2,0)$；

当$\overrightarrow{AC}=\overrightarrow{DB}$，即$(-2,-2)=(-x,2-y)$，解得$\begin{cases}x=2\\y=4\end{cases}$，即$D$的坐标为$(2,4)$.

故选ABC.

7.【易错点】对平面向量基本定理理解不充分,忽略向量夹角的范围.

【正解】因为在菱形 $ABCD$ 中，$\overrightarrow{BE}=\dfrac{1}{2}\overrightarrow{BC}$，$\overrightarrow{CF}=2\overrightarrow{FD}$，

所以 $\overrightarrow{BE}=\overrightarrow{EC}=\dfrac{1}{2}\overrightarrow{AD}$，$\overrightarrow{CF}=\dfrac{2}{3}\overrightarrow{CD}=-\dfrac{2}{3}\overrightarrow{AB}$，

所以 $\overrightarrow{AE}\cdot\overrightarrow{EF}=(\overrightarrow{AB}+\overrightarrow{BE})\cdot(\overrightarrow{EC}+\overrightarrow{CF})=\left(\overrightarrow{AB}+\dfrac{1}{2}\overrightarrow{AD}\right)\cdot\left(\dfrac{1}{2}\overrightarrow{AD}-\dfrac{2}{3}\overrightarrow{AB}\right)=-\dfrac{2}{3}\overrightarrow{AB}^{2}+$

$\dfrac{1}{6}\overrightarrow{AB}\cdot\overrightarrow{AD}+\dfrac{1}{4}\overrightarrow{AD}^{2}=-24+9+6\cos<\overrightarrow{AB},\overrightarrow{AD}>=6\cos<\overrightarrow{AB},\overrightarrow{AD}>-15$，

因为 $\cos<\overrightarrow{AB},\overrightarrow{AD}>\in(-1,1)$，所以 $6\cos<\overrightarrow{AB},\overrightarrow{AD}>-15\in(-21,-9)$.

8.【易错点】对向量数量积的概念辨析不清，忽略向量夹角的范围.

【正解】

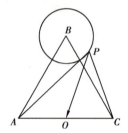

设 AC 中点为 O，则 $OB=3$，$\overrightarrow{AP}\cdot\overrightarrow{CP}=\overrightarrow{PA}\cdot\overrightarrow{PC}=\dfrac{(\overrightarrow{PA}+\overrightarrow{PC})^{2}-(\overrightarrow{PA}-\overrightarrow{PC})^{2}}{4}=\overrightarrow{PO}^{2}-$

$\dfrac{\overrightarrow{CA}^{2}}{4}=\overrightarrow{PO}^{2}-3$；

由图像可知，当 B，P，O 三点共线（B 在线段 PO 上）时，OP 取得最大值，

所以 $(OP)_{\max}=4$，$(\overrightarrow{AP}\cdot\overrightarrow{CP})_{\max}=13$.

3.2 复 数

1.【易错点】(1)忽略了虚部 b 可以为 0 的条件；

（2）认为"任何一个实数的平方大于等于 0"可以推广到复数中；

（3）认为"两个实数之差大于 0 等价于前一个实数大于后一个实数"可推广到复数中；

（4）把等式性质错误地推广到复数中.

【正解】(1)错，设互为共轭复数的两个复数分别为 $z=a+bi$ 及 $\bar{z}=a-bi(a,b\in\mathbf{R})$，

则 $z-\bar{z}=2bi$ 或 $\bar{z}-z=-2bi$，当 $b\neq 0$ 时，$z-\bar{z}$，$\bar{z}-z$ 是纯虚数；当 $b=0$ 时，$z-\bar{z}=0$，$\bar{z}-z=0$；

（2）错，反例设 $z=i$，则 $z^2=i^2=-1<0$；

（3）错，反例设 $z_1=3+i$，$z_2=2+i$，满足 $z_1-z_2=1>0$，但 z_1，z_2 不能比较大小；

（4）错，设 $z_1=1$，$z_2=i$，$z_3=-1$，则 $(z_1-z_2)^2+(z_2-z_3)^2=0$，但它们并不相等.

故答案是 0 个.

2.【易错点】复数在复平面内对应的位置关系错乱.

【正解】要使复数对应的点在第四象限，应满足 $\begin{cases} m+3>0 \\ m-1<0 \end{cases}$，解得 $-3<m<1$，故选 A.

3.【易错点】不理解复数相等和模的计算.

【正解】因 $x(1+i)=1+yi$，所以 $x+xi=1+yi$，$x=1$，$y=x=1$，$|x+yi|=|1+i|=\sqrt{2}$，故选 B.

4.【易错点】将复数的"模"与"绝对值"混淆.

【正解】原不等式 $\Leftrightarrow |z-3||z-1|<|z-1| \Leftrightarrow |z-1|(|z-3|-1)<0$，因为 $|z-1|\geqslant 0$，所以 $|z-3|<1$，且 $z\neq 1$.

其解为复平面内以点 $(3,0)$ 为圆心，1 为半径的圆内部的点，且去除点 $(1,0)$.

5.【易错点】误运用系数为实数情况下方程有根的充要条件 $\Delta \geqslant 0$.

【正解】设 $x=x_0$ 是方程的实数根，代入方程并整理得 $(x_0{}^2+kx_0+2)+(2x_0+k)i=0$，

由复数相等的充要条件，得 $\begin{cases} x_0{}^2+kx_0+2=0 \\ 2x_0+k=0 \end{cases}$，解得 $\begin{cases} x_0=-\sqrt{2} \\ k=2\sqrt{2} \end{cases}$ 或 $\begin{cases} x_0=\sqrt{2} \\ k=-2\sqrt{2} \end{cases}$.

6.【易错点】对复数的定义和性质不熟.

【正解】（1）因为 $\begin{cases} \lg(m^2-2m-2)=0 \\ m^2+3m+2\neq 0 \end{cases}$，所以 $m=3$；

（2）因为 $\begin{cases} \lg(m^2-2m-2)>0 \\ m^2+3m+2<0 \end{cases}$，所以 $-2<m<-1$.

3.3　立体几何初步

1.【易错点】多面体概念不清楚.

【正解】①②④⑤.

2.【易错点】球的有关概念不清楚.

【正解】①③⑤正确,②④⑥错误,故选 D.

3.【易错点】不能正确理解平面概念.

【正解】BC.

4.【易错点】异面直线的概念不清楚.

【正解】与 PA 是异面直线的直线有 BC 和 DC 两条,则图中四条侧棱所在直线共有异面直线 2×4=8(对),故选 C.

5.【易错点】两平面平行的条件不清楚.

【正解】CD.

6.【易错点】直线和平面的位置关系不清晰.

【正解】BC.

7.【易错点】本题容易犯两个错误,第一把矩形的长当作圆柱底面直径,第二是没有分类讨论.

【正解】当底面圆的周长为 8π 时,半径 $r=4$,

所以上、下底面面积和为 $2\times\pi\times4^2=32\pi$,侧面积为 $4\pi\times8\pi=32\pi^2$,所以圆柱的表面积为 $32\pi^2+32\pi$.

同理可得当底面圆的周长为 4π 时,圆柱的表面积为 $32\pi^2+8\pi$.

8.【易错点】忽略异面直线所成角的范围导致错误.

【正解】取 PB 的中点 H,连接 EH,FH,

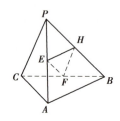

因为 F,H 为中点,故 $FH=\dfrac{1}{2}PC=5$,且 $FH/\!/PC$,同理 $EH=3$,$EH/\!/AB$,

故 $\angle EHF$ 或其补角为异面直线所成的角.

在 $\triangle FEH$ 中,$\cos\angle EHF=\dfrac{9-25-49}{2\times3\times5}=-\dfrac{1}{2}$,

因为 $0°<\angle EHF<180°$,所以 $\angle EHF=120°$,所以异面直线夹角为 $120°$.

因为异面直线的夹角范围为 $(0°,90°]$,故异面直线 AB 与 PC 所成的角为 $60°$,

故选 B.

3.4　空间向量与立体几何

1.【易错点】只考虑到三个顶点在平面的同一侧,忽略了顶点在平面不同侧的情况.

【正解】C.

2.【易错点】对向量的模长公式、向量的数量积公式理解不透.

【正解】D.

3.【易错点】对平面向量的基底、平面向量基本定理的理解不够透彻.没有能力将

$\overrightarrow{OP}=\dfrac{1}{3}\overrightarrow{OA}+\dfrac{1}{2}\overrightarrow{OB}+\dfrac{1}{6}\overrightarrow{OC}$ 转化为 $\dfrac{1}{3}(\overrightarrow{OP}-\overrightarrow{OA})+\dfrac{1}{2}(\overrightarrow{OP}-\overrightarrow{OB})+\dfrac{1}{6}(\overrightarrow{OP}-\overrightarrow{OC})=0.$

【正解】C.

4.【易错点】对平行六面体的认识不够;不能将余弦定理灵活地应用.

【正解】AB.

5.【易错点】对空间向量的线性关系理解不到位;对空间向量的线性运算法则理解不透彻.

【正解】AD.

6.【易错点】对直线的方向向量理解不到位;对向量的夹角与直线所成夹角的理解混淆.

【正解】BC.

7.【易错点】对平面向量基本定理、基底的理解不到位.

【正解】ABC.

8.【易错点】向量的线性运算能力不够.

【正解】$\dfrac{7}{8}$.

9.【易错点】(1)未掌握面与面垂直的判定定理;

(2)对线面平行的判定定理掌握不够;书写所需条件时,逻辑不严谨、条理不清楚;

(3)计算错误;对四面体的认识不够.

【正解】(1)因为 $ABCD\text{-}A_1B_1C_1D_1$ 为正方体,所以 $B_1C_1\perp$ 平面 ABB_1A_1.

因为 $A_1B\subset$ 平面 ABB_1A_1,所以 $B_1C_1\perp A_1B$. 又因为 $A_1B\perp AB_1$,$B_1C_1\cap AB_1=B_1$,所以 $A_1B\perp$ 平面 ADC_1B_1.

因为 $A_1B\subset$ 平面 A_1BE,所以平面 $ADC_1B_1\perp$ 平面 A_1BE.

(2)连接 EF,$EF/\!/\dfrac{1}{2}C_1D$,且 $EF=\dfrac{1}{2}C_1D$.

设 $AB_1\cap A_1B=O$,所以 $EF/\!/B_1O$ 且 $EF=B_1O$,可得四边形 B_1OEF 为平行四边形,所以 $B_1F/\!/OE$. 所以 $B_1F/\!/$ 平面 A_1BE.

(3)$V_{A_1\text{-}B_1BE}=V_{E\text{-}A_1B_1B}=\dfrac{1}{3}S_{\triangle A_1B_1B}\cdot B_1C_1=\dfrac{1}{6}$.

10.【易错点】建立平面直角坐标系后,无法准确通过参数来表示 $\overrightarrow{CE}$ 的坐标,从而致使计算错误;对二面角夹角的余弦理解不清.

【正解】以 D 为原点,以 $\overrightarrow{DA}$,$\overrightarrow{DC}$,$\overrightarrow{DD_1}$ 为 x,y,z 轴的正方向,建立空间直角坐标系,

设 $AE=\lambda\,(0\leqslant\lambda\leqslant2)$,平面 D_1EC 的法向量为 $\vec{m}=(x,y,z)$,

由题可知,$D_1(0,0,1)$,$C(0,2,0)$,$E(1,\lambda,0)$,$\overrightarrow{D_1C}=(0,2,-1)$,$\overrightarrow{CE}=(1,\lambda-2,0)$.

因为平面 $AECD$ 的一个法向量为 z 轴,所以可取平面 $AECD$ 的法向量为 $\vec{n}=(0,0,1)$.

因为 $\vec{m}=(x,y,z)$ 为平面 D_1EC 的法向量,所以 $\begin{cases}\vec{m}\cdot\overrightarrow{D_1C}=2y-z=0\\ \vec{m}\cdot\overrightarrow{CE}=x+(\lambda-2)y=0\end{cases}$,令 $y=1$,

则 $\vec{m}=(2-\lambda,1,2)$,所以二面角 $D_1\text{-}EC\text{-}D$ 的大小为 $\dfrac{\pi}{4}$,

所以 $\cos\dfrac{\pi}{4}=\dfrac{|\vec{m}\cdot\vec{n}|}{|\vec{m}||\vec{n}|}$,即 $\dfrac{\sqrt{2}}{2}=\dfrac{2}{\sqrt{(2-\lambda)^2+1+2^2}}$,解得 $\lambda=2-\sqrt{3}$,$\lambda=2+\sqrt{3}$

(舍去),

所以$AE=2-\sqrt{3}$.

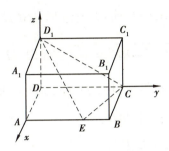

11.【易错点】(1)对点到直线的距离公式理解不透;

(2)未掌握点到平面的距离公式;向量的数量积运算能力不足.

【正解】(1) 连接AM,建立如下图所示的空间直角坐标系,则$A(0,0,0)$,

$A_1(0,0,2),M(2,0,1),C_1(0,2,2)$,

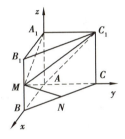

则直线AC_1的一个单位方向向量为$s_0=\left(0,\dfrac{\sqrt{2}}{2},\dfrac{\sqrt{2}}{2}\right),\overrightarrow{AM}=(2,0,1)$,

故点M到直线AC_1的距离$d=\sqrt{\left|\overrightarrow{AM}\right|^2-\left|\overrightarrow{AM}\cdot s_0\right|^2}=\sqrt{5-\dfrac{1}{2}}=\dfrac{3\sqrt{2}}{2}$.

(2) 连接MN,如图所示,设平面MA_1C_1的一个法向量为$\boldsymbol{n}=(x,y,z)$,

则$\begin{cases}\boldsymbol{n}\cdot\overrightarrow{A_1C_1}=0\\\boldsymbol{n}\cdot\overrightarrow{A_1M}=0\end{cases}$,即$\begin{cases}2y=0\\2x-z=0\end{cases}$,取$x=1$,得$\begin{cases}y=0\\z=2\end{cases}$,故$\boldsymbol{n}=(x,y,z)$是平面$MA_1C_1$的一

个法向量.

因为$N(1,1,0)$,所以$\overrightarrow{MN}=(1,0,2)$,故$N$到平面$MA_1C_1$的距离$d=\dfrac{|\overrightarrow{MN}\cdot\boldsymbol{n}|}{|\boldsymbol{n}|}=$

$\dfrac{3}{\sqrt{5}}=\dfrac{3\sqrt{5}}{5}$.

12.【易错点】对线与面所成角的理解不透彻;建立直角坐标系后,粗心大意致使

点坐标标错;计算能力不足等.

【正解】(1)证明:在四边形 $ABCD$ 中,作 $DE\perp AB$ 于 E , $CF\perp AB$ 于 F ,因为 $CD/\!/AB,AD=CD=CB=1,AB=2$,所以四边形 $ABCD$ 为等腰梯形,所以 $AE=BF=\dfrac{1}{2}$,故 $DE=\dfrac{\sqrt{3}}{2}$, $BD=\sqrt{DE^2+BE^2}=\sqrt{3}$,所以 $AD^2+BD^2=AB^2$,所以 $AD\perp BD$,

因为 $PD\perp$ 平面 $ABCD,BD\subset$ 平面 $ABCD$,所以 $PD\perp BD$,

又 $PD\cap AD=D$,所以 $BD\perp$ 平面 PAD ,

又因 $PA\subset$ 平面 PAD ,所以 $BD\perp PA$;

(2)如下图所示,以点 D 为原点, DC 所在直线为 x 轴, DP 所在直线为 y 轴, DA 所在直线为 z 轴建立空间直角坐标系,

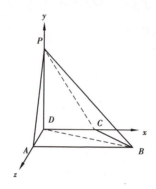

因为 $BD=\sqrt{3}$,则 $A(1,0,0),B(0,\sqrt{3},0),P(0,0,\sqrt{3})$,

则 $\overrightarrow{AP}=(-1,0,\sqrt{3}),\overrightarrow{BP}=(0,-\sqrt{3},\sqrt{3}),\overrightarrow{DP}=(0,0,\sqrt{3})$,

设平面 PAB 的法向量 $\vec{n}=(x,y,z)$,则有 $\begin{cases}\vec{n}\cdot\overrightarrow{AP}=-x+\sqrt{3}\,z=0\\\vec{n}\cdot\overrightarrow{BP}=-\sqrt{3}\,y+\sqrt{3}\,z=0\end{cases}$,可取 $\vec{n}=$ $(\sqrt{3},1,1)$,

则 $\cos\langle\vec{n},\overrightarrow{DP}\rangle=\dfrac{\vec{n}\cdot\overrightarrow{DP}}{|\vec{n}||\overrightarrow{DP}|}=\dfrac{\sqrt{5}}{5}$,所以 PD 与平面 PAB 所成角的正弦值为 $\dfrac{\sqrt{5}}{5}$.

13.【易错点】未掌握线面平行的性质和定理.

【正解】(1)证明:连接 BO 并延长交 AC 于点 D ,连接 OA 、 PD ,

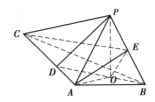

因为 PO 是三棱锥 $P\text{-}ABC$ 的高,所以 $PO\perp$ 平面 ABC,AO,$BO\subset$ 平面 ABC,

所以 $PO\perp AO$,$PO\perp BO$,

又 $PA=PB$,所以 $\triangle POA\cong\triangle POB$,即 $OA=OB$,所以 $\angle OAB=\angle OBA$,

又 $AB\perp AC$,即 $\angle BAC=90°$,所以 $\angle OAB+\angle OAD=90°$,$\angle OBA+\angle ODA=90°$,

所以 $\angle ODA=\angle OAD$,

则 $AO=DO$,即 $AO=DO=OB$,所以 O 为 BD 的中点,又 E 为 PB 的中点,所以 $OE/\!/PD$,

又 $OE\not\subset$ 平面 PAC,$PD\subset$ 平面 PAC,所以 $OE/\!/$ 平面 PAC.

(2)过点 A 作 $AZ/\!/OP$,如下图所示建立平面直角坐标系,

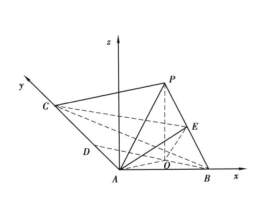
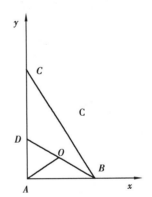

因为 $PO=3$,$AP=5$,所以 $OA=\sqrt{AP^2-PO^2}=4$,

又 $\angle OBA=\angle OBC=30°$,所以 $BD=2OA=8$,则 $AD=4$,$AB=4\sqrt{3}$,

所以 $AC=12$,所以 $O(2\sqrt{3},2,0)$,$B(4\sqrt{3},0,0)$,$P(2\sqrt{3},2,3)$,$C(0,12,0)$,所以 $E\left(3\sqrt{3},1,\dfrac{3}{2}\right)$,

则 $\overrightarrow{AE}=\left(3\sqrt{3},1,\dfrac{3}{2}\right)$,$\overrightarrow{AB}=(4\sqrt{3},0,0)$,$\overrightarrow{AC}=(0,12,0)$,

设平面 AEB 的法向量为 $\vec{n}=(x,y,z)$，则 $\begin{cases} \vec{n} \cdot \overrightarrow{AE}=3\sqrt{3}\,x+y+\dfrac{3}{2}z=0 \\ \vec{n} \cdot \overrightarrow{AB}=4\sqrt{3}\,x=0 \end{cases}$，令 $z=2$，则

$y=-3, x=0$，所以 $\vec{n}=(0,-3,2)$；

设平面 AEC 的法向量为 $\vec{m}=(a,b,c)$，则 $\begin{cases} \vec{m} \cdot \overrightarrow{AE}=3\sqrt{3}\,a+b+\dfrac{3}{2}c=0 \\ \vec{m} \cdot \overrightarrow{AC}=12b=0 \end{cases}$，令 $a=\sqrt{3}$，

则 $c=-6, b=0$，所以 $\vec{m}=(\sqrt{3},0,-6)$，

所以 $\cos<\vec{n},\vec{m}>=\dfrac{\vec{n} \cdot \vec{m}}{|\vec{n}||\vec{m}|}=\dfrac{-12}{\sqrt{13}\times\sqrt{39}}=-\dfrac{4\sqrt{3}}{13}$，

设二面角 $C\text{-}AE\text{-}B$ 为 θ，由图可知二面角 $C\text{-}AE\text{-}B$ 为钝二面角，

所以 $\cos\theta=-\dfrac{4\sqrt{3}}{13}$，所以 $\sin\theta=\sqrt{1-\cos^2\theta}=\dfrac{11}{13}$，

故二面角 $C\text{-}AE\text{-}B$ 的正弦值为 $\dfrac{11}{13}$.

3.5　直线和圆的方程

1.【易错点】忽视两条直线重合的情况.

　【正解】因为两条直线平行，所以 $1\times4-a\times a=0$，所以 $a=\pm2$，

　故选 A.

2.【易错点】忽视截距为 0 的情况.

　【正解】当直线在两坐标轴的截距为 0 时，直线方程为 $y=3x$；

　当直线在两坐标轴上的截距不为 0 时，可设直线方程为 $\dfrac{x}{a}+\dfrac{y}{-a}=1$，将点代入

　直线方程得 $a=-2$，所以这样的直线有两条.

　故选 C.

3.【易错点】忽视直线斜率不存在的情况.

　【正解】直线过定点 $P(0,1)$，又由斜率公式可得 $k_{PA}=\dfrac{3-1}{-2-0}$，$k_{PB}=\dfrac{2-1}{1-0}=1$.

　因为直线与线段 AB 相交，所以 a 的取值范围是 $(-\infty,-1]\cup[1,+\infty)$.

　故选 C.

4.【易错点】忽视方程表示圆的条件.

【正解】直线过定点$(-2,0)$,由题可得点在圆内或圆上,则$(-2)^2+0^2-2m+4\leqslant0$,

可得$m\geqslant4$.

又由方程表示圆的条件:$m^2-4\times4>0$可得$m<-4$或$m>4$,综上得$m>4$.

故选C.

5.【易错点】忽视曲线$y=\sqrt{4-x^2}$中$y\geqslant0$的条件.

【正解】$-2\leqslant b\leqslant2\sqrt{2}$.

6.【易错点】两圆相切只考虑内切或者只考虑外切.

【正解】题中所给两圆的圆心坐标分别为$(0,0)$,$(-4,a)$,半径分别为$1,5$,若

两圆外切,则$\sqrt{(-4-0)^2+(a-0)^2}=5+1$,解得$a=\pm2\sqrt{5}$;

若两圆内切,则$\sqrt{(-4-0)^2+(a-0)^2}=5-1$,解得$a=0$,

综上可得$a=\pm2\sqrt{5}$或0.

7.【易错点】忽略直线斜率不存在的情况.

【正解】圆心为$(-1,-2)$,半径$r=5$,弦长$m=8$.

设弦心距为d,则$r^2=d^2+\left(\dfrac{m}{2}\right)^2$,$d=3$,

若直线的斜率不存在,直线$x=-4$,符合条件;

若直线的斜率存在,可设直线方程为$y-2=k(x+4)$,则$d=\dfrac{|-k+2+4k+2|}{\sqrt{k^2+1}}=3$,解

得$k=-\dfrac{7}{24}$,所以直线方程为$x=-4$和$7x+24y-20=0$.

故选D.

8.【易错点】忽视两圆相交的性质导致错误.

【正解】曲线$x^2+y^2=5$是圆心为$O_1(0,0)$,半径$r_1=\sqrt{5}$的圆,

曲线$x^2+y^2-2mx+m^2-20=0(m\in\mathbf{R})$是圆心为$O_2(m,0)$,半径$r_2=2\sqrt{5}$的圆,

由两圆相交于A、B两点可知$\sqrt{5}<|O_1O_2|<3\sqrt{5}$,即$\sqrt{5}<|m|<3\sqrt{5}$,

由A处的切线互相垂直可知,$O_1A\perp O_2A$,所以有$m^2=(\sqrt{5})^2+(2\sqrt{5})^2$,解得

$m=\pm5$,经检验,符合条件.

故$m=\pm5$.

3.6　圆锥曲线的方程

1.【易错点】忽视椭圆方程的限制条件.

【正解】由 $\begin{cases} 8-k>0 \\ k-6>0 \\ 8-k\neq k-6 \end{cases}$，$6<k<8$ 且 $k\neq 7$.

2.【易错点】不考虑抛物线的各种形式.

【正解】由题意若焦点在 x 轴上，可得抛物线方程为 $y^2=8x$，

若焦点在 y 轴上，可得抛物线方程为 $x^2=y$.

3.【易错点】忽视双曲线定义中绝对值的条件.

【正解】$x^2-\dfrac{y^2}{3}=1\,(x\geq 0)$.

4.【易错点】用错抛物线的定义.

【正解】由抛物线 $y^2=2x$ 知焦点为 $F\left(\dfrac{1}{2},0\right)$，准线为 $x=-\dfrac{1}{2}$，设 AB 的中点为 M，分别由 A,B,M 作准线的垂线，垂足为 C,N,D，根据抛物线的定义得 $|AC|+|BD|=|AF|+|BF|=5$，又根据梯形中位线性质得 $|MN|=\dfrac{|AC|+|BD|}{2}=\dfrac{5}{2}$，则 M 到 y 轴的距离为 $\dfrac{5}{2}-\dfrac{1}{2}=2$.

5.【易错点】随意确定焦点在 x 轴或在 y 轴上.

【正解】当焦点在 x 轴上时，由椭圆的方程可求得 $k=2\sqrt{5}$.

当焦点在 y 轴上时，由椭圆的方程可求得 $k=2\sqrt{13}$.

综上，$k=2\sqrt{5}$ 或 $2\sqrt{13}$.

6.【易错点】抛物线的定义应用不正确.

【正解】抛物线 $y=\dfrac{x^2}{4}$，即 $x^2=y$，因为点 $Q(2\sqrt{2},0)$，

所以 $|FQ|=\sqrt{(2\sqrt{2})^2+1}=3$.过点 P 作准线的垂线 PH，交 x 轴于点 D，如右图所示，结合抛物线的定义，有 $y+|PQ|=|PD|+|PQ|=|PH|+|PQ|-$

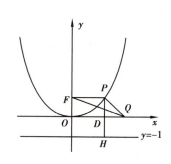

$1=|PF|+|PQ|-1\geqslant|FQ|-1=3-1=2,$

即 $y+|PQ|$ 的最小值为2.

7.【易错点】忽略椭圆范围的限制条件.

【正解】直线恒过定点$(0,1)$,只须满足定点在椭圆内即可,故 m 的取值范围是 $[1,5]\cup(5,+\infty)$.

8.【易错点】忽视直线与双曲线相交的条件.

【正解】由点差法求得直线方程为 $8x-9y=7$,但代入双曲线方程得 $\Delta<0$,故这样的直线不存在,故选D.

9.【易错点】将"直线与双曲线的右支相交于两点"和"直线与双曲线相交于两点"混淆.

【正解】$\left(-\dfrac{\sqrt{15}}{3},\ -1\right)$.

10.【易错点】错误认为直线和抛物线只有一个公共点就是相切的位置关系.

【正解】当直线 l 的斜率不存在时,即直线与 y 轴平行(重合)时,直线和抛物线只有一个公共点,此时,直线与抛物线是相交的;当直线 l 斜率存在时,直线与抛物线只有一个交点,这种情况只有在直线和抛物线相切时才会出现,故选D.

11.【易错点】忽视斜率为0和斜率不存在的情况.

【正解】设直线的方程为 $y=kx+1$,联立 $\begin{cases}y^2=4x\\y=kx+1\end{cases}$,得 $(kx+1)^2=4x$,

即 $k^2x^2+(2k-4)x+1=0$,再由 $\Delta=0$,得 $k=1$,加上斜率不存在和斜率 $k=0$ 的情况,故本题应有3解,即有3条直线.

12.【易错点】没有准确理解抛物线的标准方程形式.

【正解】将抛物线化为标准形式为 $x^2=\dfrac{1}{4}y$,所以抛物线的焦点坐标为 $\left(0,\dfrac{1}{16}\right)$.

13.【易错点】忽视直线和椭圆相交的条件.

【正解】设 $A(x_1,y_1)$,$B(x_2,y_2)$ 为椭圆上关于直线 $y=4x+m$ 对称的两点,设 $M(x,y)$ 为弦 AB 的中点.则有

$\dfrac{x_1^2}{4}+\dfrac{y_1^2}{3}=1$ ①

$$\frac{x_2^2}{4}+\frac{y_2^2}{3}=1 \quad ②$$

①－② 得 $\frac{x_1^2-x_2^2}{4}+\frac{y_1^2-y_2^2}{3}=0$，即 $\frac{3(x_1+x_2)}{-4(y_1+y_2)}=\frac{y_1-y_2}{x_1-x_2}$，③

因为 $M(x,y)$ 是弦 A,B 的中点，

所以 $x=\frac{x_1+x_2}{2}$ ④，$y=\frac{y_1+y_2}{2}$，⑤

由点 A,B 关于直线 $y=4x+m$ 对称可得 $\frac{y_1-y_2}{x_1-x_2}=-\frac{1}{4}$ ⑥，将④⑤⑥代入③

得 $y=3x$，

即弦 AB 的中点的轨迹方程为 $y=3x$，它与直线 $y=4x+m$ 的交点必在椭圆内部，

联立得方程组 $\begin{cases} y=3x \\ y=4x+m \end{cases}$，则 $x=-m,y=-3m$，且必满足 $\frac{(-m)^2}{4}+\frac{(-3m)^2}{3}<1$，即

$m^2<\frac{4}{13}$，

解得 m 的取值范围是 $\left(-\frac{2\sqrt{13}}{13},\frac{2\sqrt{13}}{13}\right)$.

4.1 计数原理

1.【易错点】重复计数致误.

【正解】法一直接法：除甲乙外，其余5个全排列 A_5^5，再用甲乙去插6个空位有 A_6^2，不同排法种类共 $A_5^5 \cdot A_6^2=3\ 600$ 种.

法二间接法：7个人全排列 A_7^7，减去2人相邻的情况 $A_2^2 \cdot A_6^6$，不同排法种类共 $A_7^7-A_2^2 \cdot A_6^6=3\ 600$ 种.

2.【易错点】混淆有序与定序.

【正解】采用消序法.相当于一共有七个节目，其中五个节目的顺序确定共 $\frac{A_7^7}{A_5^5}=42$ 种.

3.【易错点】利用分步乘法原理计数时,分步标准错误.

【正解】分步:将第一封信投进邮箱有四种方法,将第二封信投进邮箱有四种方法,将第三封信投进邮箱有四种方法,共有 $4^3 = 64$ 种.

4.【易错点】均分未消序.

【正解】5名专家到3个不同的区级医院,分为1,2,2和1,1,3两种情况;分为1,2,2时安排有 $\dfrac{C_5^1 C_4^2 C_2^2}{A_2^2} A_3^3$;分为1,1,3时安排有 $\dfrac{C_5^1 C_4^1 C_3^3}{A_2^2} A_3^3$,

所以一共有 $\dfrac{C_5^1 C_4^2 C_2^2}{A_2^2} A_3^3 + \dfrac{C_5^1 C_4^1 C_3^3}{A_2^2} A_3^3 = 150$,故选C.

5.【易错点】混淆"二项式系数之和"与"展开式系数之和".

【正解】由 $\left(\sqrt{x} + \dfrac{2}{x}\right)^6$ 知常数项为 $C_6^2 (\sqrt{x})^4 \left(\dfrac{2}{x}\right)^2 = 15 \cdot x^2 \cdot \dfrac{4}{x^2} = 60$,所以 $\left(\sqrt{x} + \dfrac{2}{x}\right)^6$ 展开式中常数项为60,而常数项的二项式系数为 $C_6^2 = 15$,所以常数项的二项式系数为15.

故答案为:①60;②15.

6.【易错点】混淆有理项和常数项.

【正解】由于二项式 $\left(\sqrt[3]{x} + \dfrac{1}{x}\right)^n$ 的展开式中只有第4项的二项式系数最大,所以 $n=6$;二项式 $\left(\sqrt[3]{x} + \dfrac{1}{x}\right)^6$ 的展开式的通项公式为 $T_{r+1} = C_6^r \cdot \left(x^{\frac{1}{3}}\right)^{6-r} \cdot (x^{-1})^r = C_6^r \cdot x^{2 - \frac{4}{3}r}$,

当 $r=0,3,6$ 时为有理项,所以有理项系数之和为 $C_6^0 + C_6^3 + C_6^6 = 1 + 20 + 1 = 22$.

7.【易错点】混淆"二项式系数最大项"和"展开式系数最大项".

【正解】因为 $(1+2x)^7$ 的展开式的通项为 $T_{k+1} = C_7^k \cdot 1^{7-k} \cdot (2x)^k = 2^k C_7^k x^k$,

设第 $k+1$ 项的系数最大,则 $\begin{cases} C_7^k 2^k \geqslant C_7^{k-1} 2^{k-1} \\ C_7^k 2^k \geqslant C_7^{k+1} 2^{k+1} \end{cases}$,解得 $\dfrac{13}{3} \leqslant k \leqslant \dfrac{16}{3}$,又 $k \in \mathbf{Z}$,所以 $k=5$,

所以展开式中系数最大的项为 $T_6 = 2^5 C_7^5 x^5 = 672x^5$,即展开式中系数最大的项的系数为672.

8.【易错点】以为二项展开式的通项中 C_n^r 对应第 r 项致错.

【正解】根据二项式定理：$T_{r+1}=C_4^r x^{4-r}\left(-\dfrac{1}{x}\right)^r$，第二项即 $r=1$，$T_2=C_4^1 x^{4-1}\left(-\dfrac{1}{x}\right)^1=-4x^2$，第二项的系数为 -4.

9.【易错点】忽略了 0 不能在首位的隐含条件.

【正解】当个位数是 0 时，有 $A_3^3=6$ 个，当个位数是 5 时，首位有 C_2^1 个，另外两位 A_2^2 个，$C_2^1 \cdot A_2^2=4$ 个，共有 $6+4=10$ 个.

4.2 概　　率

1.【易错点】混淆互斥事件与对立事件概念.

【正解】选 D，该考生"选择思想政治、化学"和"选择生物、地理"不能同时发生，但能同时不发生，所以该考生"选择思想政治、化学"和"选择生物、地理"为互斥事件但不是对立事件.

2.【易错点】对"基本事件"概念理解不清致误，基本事件概率必须是等可能的.

【正解】此家庭共有 3 个孩子，包含基本事件有（男，男，男），（男，男，女），（男，女，男），（女，男，男），（男，女，女），（女，男，女），（女，女，男），（女，女，女），其中"至少有 1 个女孩"共有 7 种可能，其中"至少有 1 个男孩"有 6 种可能，故其概率为 $\dfrac{6}{7}$.

3.【易错点】离散型随机变量分布列中忽视所有事件概率和为 1.

【正解】"$X=4$"表示李明前 3 次均没通过，而第四次可能通过也有可能不通过，概率为 1.

随机变量 X 可取 $1,2,3,4$，则 $p(X=1)=0.6$，$p(X=2)=0.4\times0.7=0.28$，$p(X=3)=0.4\times0.3\times0.8=0.096$，$p(X=4)=0.4\times0.3\times0.2=0.024$，

所以李明参加驾照考试的次数 X 的分布列为

X	1	2	3	4
p	0.6	0.28	0.096	0.024

4.【易错点】混淆超几何分布和二项分布.

【正解】X可能的取值为$0,1,2,3,4$,且$P(X=2)=\dfrac{C_4^2 C_4^2}{C_8^4}=\dfrac{18}{35}$.

5.【易错点】使用概率加法公式没有注意成立条件.

【正解】$P(A\cup B)=\dfrac{2}{3}$.

6.【易错点】对正态分布的性质理解错误.

【正解】因为$\xi\sim N(80,\sigma^2)$,$P(\xi<100)=0.5+P(80<\xi<100)=0.5+P(60<\xi<80)=$
0.8,因此,应从100分以下的试卷中应抽取$100\times0.8=80$份,故选 C.

7.【易错点】对条件概率概念理解不透.

【正解】设甲获得冠军为A,比赛进行了三局为B,则$P(A)=\left(\dfrac{3}{4}\right)^2+C_2^1\cdot\dfrac{3}{4}\cdot\left(1-\dfrac{3}{4}\right)\cdot$
$\dfrac{3}{4}=\dfrac{27}{32}$,$P(AB)=C_2^1\cdot\dfrac{3}{4}\cdot\left(1-\dfrac{3}{4}\right)\cdot\dfrac{3}{4}=\dfrac{9}{32}$,所以$P(B\mid A)=\dfrac{P(AB)}{P(A)}=\dfrac{\frac{9}{32}}{\frac{27}{32}}=\dfrac{1}{3}$.

8.【易错点】对条件概率理解有误,对相互独立事件理解有误.

【正解】由题意得$P(B\mid A_2)=\dfrac{3}{3+3+4+1}=\dfrac{3}{11}$,所以 A 错误;因为$P(B\mid A_1)=\dfrac{4}{11}$,
$P(B)=P(A_1)P(B\mid A_1)+P(A_2)P(B\mid A_2)+P(A_3)P(B\mid A_3)=\dfrac{3}{10}\times\dfrac{4}{11}+\dfrac{2}{10}\times\dfrac{3}{11}+$
$\dfrac{5}{10}\times\dfrac{3}{11}=\dfrac{3}{10}$,所以$P(B)\neq P(B\mid A_1)$,即$P(B)P(A_1)\neq P(BA_1)$,故事件$A_1$与事件
B不相互独立,B 错误,D 正确;$P(A_3\mid B)=\dfrac{P(A_3 B)}{P(B)}=\dfrac{P(A_3)P(B\mid A_3)}{P(B)}=$
$\dfrac{\frac{5}{10}\times\frac{3}{11}}{\frac{3}{10}}=\dfrac{5}{11}$,所以 C 错误.

9.【易错点】对相互独立事件理解有误.

【正解】记$A=$"一天的空气质量为优良",$B=$"第二天空气质量也为优良",由
题意可知$P(A)=0.75$,$P(AB)=0.6$,所以$P(B\mid A)=\dfrac{P(AB)}{P(A)}=\dfrac{4}{5}$.

10.【易错点】混淆超几何分布和二项分布的概念.

【正解】(1)设X为甲正确完成面试题的数量,Y为乙正确完成面试题的数量,

由题意可得 X 的可能取值为 1，2，3.

所以 $P(X=1)=\dfrac{C_4^1\times C_2^2}{C_6^3}=\dfrac{1}{5}$，$P(X=2)=\dfrac{C_4^2\times C_2^1}{C_6^3}=\dfrac{3}{5}$，$P(X=3)=\dfrac{C_4^3\times C_2^0}{C_6^3}=\dfrac{1}{5}$，

所以 X 的分布列为：

X	1	2	3
P	$\dfrac{1}{5}$	$\dfrac{3}{5}$	$\dfrac{1}{5}$

由题意可得 $Y\sim B\left(3,\dfrac{2}{3}\right)$，所以 $P(Y=0)=C_3^0\left(\dfrac{2}{3}\right)^0\left(\dfrac{1}{3}\right)^3=\dfrac{1}{27}$，$P(Y=1)=C_3^1\left(\dfrac{2}{3}\right)^1\left(\dfrac{1}{3}\right)^2=$

$\dfrac{6}{27}=\dfrac{2}{9}$，$P(Y=2)=C_3^2\left(\dfrac{2}{3}\right)^2\left(\dfrac{1}{3}\right)^1=\dfrac{12}{27}=\dfrac{4}{9}$，$P(Y=3)=C_3^3\left(\dfrac{2}{3}\right)^3\left(\dfrac{1}{3}\right)^0=\dfrac{8}{27}$，所以 Y 的分

布列为：

Y	0	1	2	3
P	$\dfrac{1}{27}$	$\dfrac{2}{9}$	$\dfrac{4}{9}$	$\dfrac{8}{27}$

(2)$E(X)=1\times\dfrac{1}{5}+2\times\dfrac{3}{5}+3\times\dfrac{1}{5}=2$，$E(Y)=0\times\dfrac{1}{27}+1\times\dfrac{2}{9}+2\times\dfrac{4}{9}+3\times\dfrac{8}{27}=2$.

$D(X)=\dfrac{1}{5}\times(1-2)^2+(2-2)^2\times\dfrac{3}{5}+(3-2)^2\times\dfrac{1}{5}=\dfrac{2}{5}$，$D(Y)=np(1-p)=3\times\dfrac{2}{3}\times\dfrac{1}{3}=\dfrac{2}{3}$，

因为 $D(X)<D(Y)$，所以甲发挥的稳定性更强，则甲通过面试的概率较大.

4.3　统　计

1.【易错点】使用频率分布直方图解题时错把纵坐标当成频率.

【正解】由频率分布直方图的性质，可得 $(0.002\ 4+0.003\ 6+0.006\ 0+x+0.002\ 4+$

$0.001\ 2)\times 50=1$，

解得 $x=0.004\ 4$，所以用电量落在区间 $[150,250)$ 内的频率为 $(0.006\ 0+$

$0.004\ 4)\times 50=0.52$；用电量落在区间 $[150,250)$ 内的户数为 $100\times 0.52=52$ 户，

故选 C.

2.【易错点】对一组数据总体百分位数的估计理解有误.

【正解】因为20×0.65=13,所以这组数据的第65百分位数是$\frac{20.3+21.1}{2}$=20.7.

3.【易错点】混淆相关系数和决定系数.

【正解】A.

对于选项A,回归直线方程拟合效果的强弱是由相关指数R^2或相关系数$|r|$判定,故不正确;

对于选项B,根据相关系数$|r|$越接近1,变量相关性越强,故正确;

对于选项C,相关指数R^2越小,残差平方和越大,效果越差,故正确;

对于选项D,根据R^2的实际意义可得,R^2≈0.65表示女大学生的身高解释了65%的体重变化.

4.【易错点】对频率分步直方图中平均数和百分位数理解有误.

【正解】对于选项A:频率分布直方图中小长方形的面积之和为1,组距为10,故(0.01+0.02+0.04+m+0.005)×10=1,解得m=0.025,故A正确;

对于选项B:根据频率分布直方图平均数的计算方法可得,样本数据的平均数为(0.01×355+0.02×365+0.04×375+0.025×385+0.005×395)×10=374.5,所以B正确;

对于选项C:由图可知一分钟跑步步数在380以下的学生所占比例为70%,在390以下的学生所占比例为95%,所以第80百分位数落在区间[380,390)中,

设样本数据的第80百分位数为N,

则(0.01+0.02+0.04)×10+0.025×(N−380)=0.8,解得N=384,故C正确;

对于选项D:因为(0.04+0.025)×10=0.65>0.6,

所以估计一分钟跑步步数在[370,390)的学生超过60%,所以D错误.

故选ABC.

5.【易错点】对独立性检验的检验规则理解有误.

【正解】(1)由已知可得,八年级样本容量为240×$\frac{2}{1+2+3}$=80,m=80−2−17−38−20=3,(0.005+n+0.020+0.040+0.020)×10=1,解得n=0.015.

(2)七年级样本容量为240×$\frac{1}{6}$=40,九年级"不满意"人数为(0.005+0.015)×

10×(240-80-40)=24,列联表如下:

满意情况	年级		合计
	七年级	九年级	
满意	30	96	126
不满意	10	24	34
合计	40	120	160

零假设为H_0:学生对课后服务满意度与年级高低无关.

$$\chi^2 = \frac{160 \times (30 \times 24 - 10 \times 96)^2}{126 \times 34 \times 40 \times 120} \approx 0.448 < 2.706 = x_{0.10},$$

所以根据小概率值$\alpha=0.10$的独立性检验推断H_0成立,即不能认为学生对课后服务满意度与年级高低有关.

6.【易错点】对经验回归直线理解有误.

【正解】(1)由题得$\bar{x}=\frac{1}{5}(1+2+3+4+5)=3$,$\bar{y}=\frac{1}{5}(3+3+5+9+10)=6$,

所以$\hat{b}=\dfrac{\sum\limits_{i=1}^{n}(x_i-\bar{x})(y_i-\bar{y})}{\sum\limits_{i=1}^{n}(x_i-\bar{x})^2}=\dfrac{6+3+3+8}{(1-3)^2+(2-3)^2+(4-3)^2+(5-3)^2}=2$,

所以$\hat{a}=\bar{y}-\hat{b}\bar{x}=6-2\times3=0$,

所以线性回归方程为$\hat{y}=2\hat{x}$,

相关系数$r=\dfrac{\sum\limits_{i=1}^{n}(x_i-\bar{x})(y_i-\bar{y})}{\sqrt{\sum\limits_{i=1}^{n}(x_i-\bar{x})^2}\sqrt{\sum\limits_{i=1}^{n}(y_i-\bar{y})^2}}=\dfrac{20}{\sqrt{10}\times\sqrt{44}}=\dfrac{10}{\sqrt{110}}\approx\dfrac{10}{10.5}\approx0.952>$

0.95,

所以每日的播放量和开播天数线性相关性较强.

(2)设利润为p,则$p=[30+2(6+7+8+9+10+11+12+13+14)]\times0.7-14=133$,

所以估计制作方在该剧开播两周内获得的利润为133万元.